collana didattica di musiche a cura di
Celestino Dionisi

Dedicato al Flauto Dolce

L'articolazione nel flauto dolce
(ed in altri strumenti a fiato)

Articulation in Baroque Recorder
(and in other wind instruments)

Finito di stampare nel mese di
Aprile 2015 per conto di
Youcanprint Self-Publishing

ISBN I 978-88-91187-32-1

Baroque Personal Trainer
http://studioemc.it/baroquetrainer/
baroquetrainer@studioemc.it

Per vedere i video relativi a questo e ad altri volumi della collana:
To view videos on this and other books in the series:
You Tube http://www.youtube.com/user/BaroqueTrainer

INTRODUZIONE

Il presente volume si divide in tre parti.

Nella prima viene illustrata la tecnica di emissione dell'aria senza l'uso della lingua, in modo da costringere l'allievo ad usare il diaframma nell'emettere le note del flauto in tutta la sua estensione.

Questa prima parte può essere utilizzata anche da coloro che iniziano per la prima volta a suonare un flauto dolce (per la posizione delle note e delle mani si rimanda al mio libro delle scale ed al libro delle mani nella stessa collana).

Gli esercizi che vengono proposti in questa sezione servono ad ottenere la rilassatezza ed il miglior timbro possibile nello strumento.

Nella seconda parte si inizia l'articolazione, (cioè l'uso della lingua). L'articolazione da me proposta e quella della **t** della **d** e la loro combinazione. Questa articolazione non è legata alla convinzione che essa sia la più importante o la migliore, ma solo alla scuola flautistica e agli insegnanti con cui ho studiato. L'idea è che questo libro possa essere usato anche da chi pratica articolazioni diverse, come ad esempio la **t** e la **r**, che potrà tranquillamente sostituirle senza snaturare i concetti e gli obiettivi didattici per i quali è nato il presente volume, il cui uso può estendersi anche ad altri strumenti. Infatti il concetto articolatorio si basa sulle note corte (**t**), le note portate (**d**) e la loro combinazione nelle figure musicali.

Nella terza parte si propongono delle piccole regole e consigli su come usare l'articolazione nei brani musicali.

Celestino Dionisi

INTRODUCTION

The present work is organized in three sections.

The first one focuses on the technique of air emission without resorting to the tongue, so as to force the use of the diaphragm in the emission of the whole extension of notes. This section can be useful also for beginners (for the notes positions see my work about the Scales and hands on this series).

The purpose of the exercises is to gain looseness and the best sound from the instrument.

The second section is about articulation (meaning the use of the tongue), the one proposed here being the articulation of t, d, and their combination. This one in particular is exposed for it belongs to my musical technique tradition and that of my former teachers, not because it is thought to be the best. To my mind this work can be useful for those who exercise a different articulation also, such as t and r, for they can be easily substituted without misrepresenting the basic concepts and didactic targets of this book. This work is addressed also to those who play a different instrument; in fact the articulatory concept is based on short notes (t), portato notes (d), and their combination in musical patterns.

In the third section a few rules and tips on how to use articulation in musical pieces are listed.

Celestino Dionisi

Prima parte
Emissione

Prima di iniziare qualsiasi tipo di articolazione è necessario:

A. avere una corretta posizione del flauto sulle labbra;

B. avere una corretta emissione dell'aria dentro il flauto;

C. emettere il suono con naturalezza e rilassatezza

D. sapere suonare tutte le note dell'estensione del flauto senza usare il colpo di lingua, usando solo la pressione del diaframma.

N.B. Non tratteremo in questa sede i problemi relativi alla respirazione, rimandando a testi specializzati.

I primi esercizi dovranno essere eseguiti senza l'uso della lingua e senza chiudere i fori del flauto, tenendo lo strumento per la parte superiore, con la mano destra o sinistra.

1. Coprire l'imboccatura del flauto portando le labbra leggermente in avanti.

First part
Emission

Before starting any kind of articulation one should have learned how to:

A. *correctly position the instrument on the lips*

B. *correctly blow air in the recorder*

C. *have a relaxed and natural emission*

D. *play the whole range of notes with the only use of diaphragm pressure and not tongue stroke.*

(Please Note: for problems concerning breathing see specialized manuals)

The first exercises should be carried out without any tongue involvement and without closing the holes of the recorder, holding the upper part of the instrument, with your left or right hand.

1. *Cover the recorder mouthpiece pushing your lips forward*

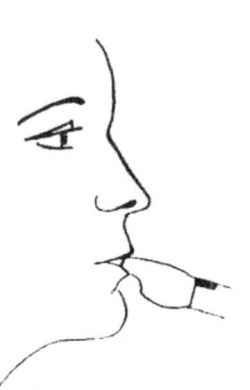

Posizione normale
Normal position

Posizione per suonare
Playing position

© Copyright 2014
by Baroque Personal Trainer - Roma

All rights reserved
Printed in Italy

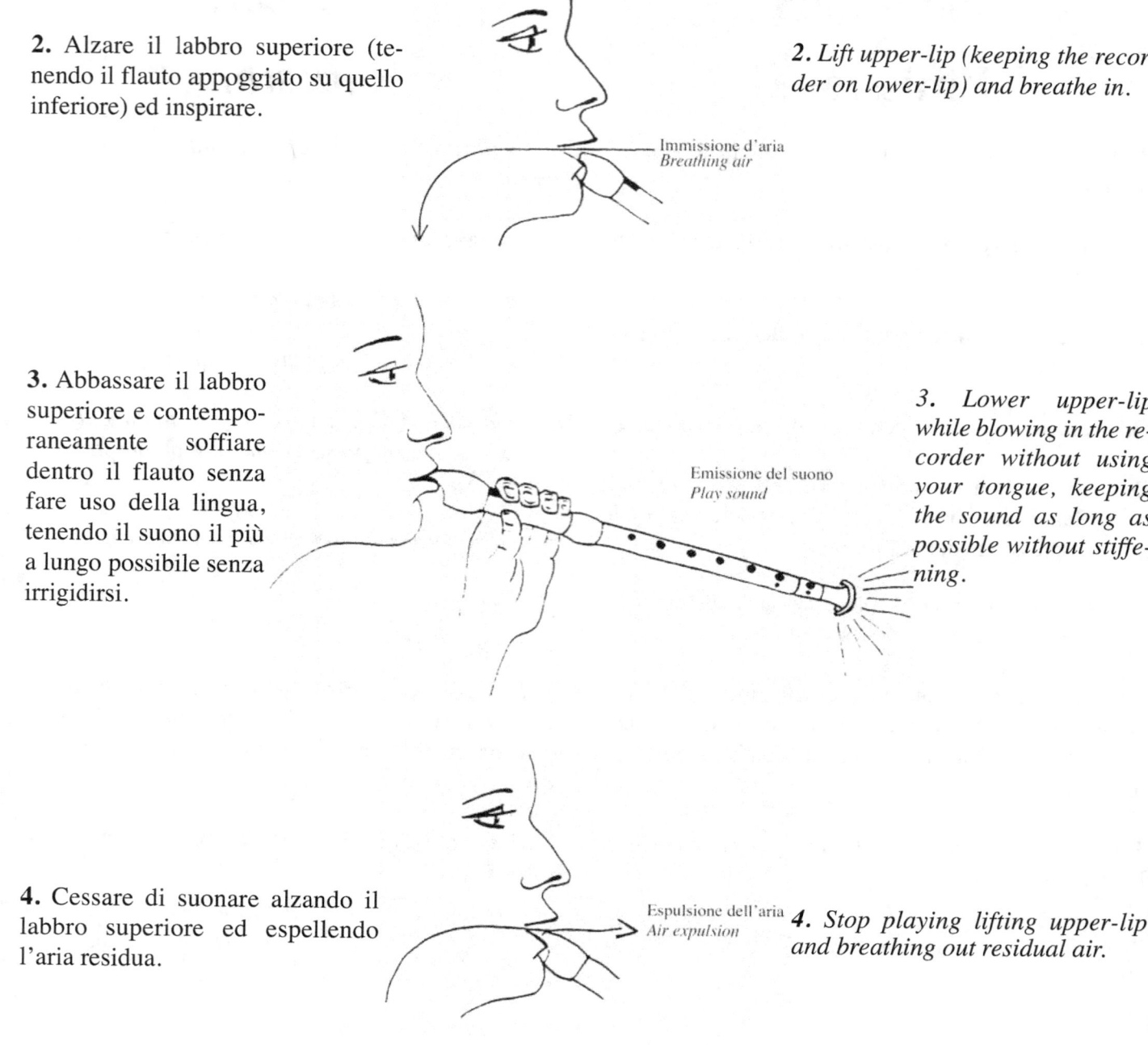

2. Alzare il labbro superiore (tenendo il flauto appoggiato su quello inferiore) ed inspirare.

2. Lift upper-lip (keeping the recorder on lower-lip) and breathe in.

Immissione d'aria
Breathing air

3. Abbassare il labbro superiore e contemporaneamente soffiare dentro il flauto senza fare uso della lingua, tenendo il suono il più a lungo possibile senza irrigidirsi.

Emissione del suono
Play sound

3. Lower upper-lip while blowing in the recorder without using your tongue, keeping the sound as long as possible without stiffening.

4. Cessare di suonare alzando il labbro superiore ed espellendo l'aria residua.

Espulsione dell'aria
Air expulsion

4. Stop playing lifting upper-lip and breathing out residual air.

5. Ripetere più volte, lentamente dal n° 2 al n° 4, concentrandosi sulle varie fasi. Particolare attenzione si dovrà prestare tra il n°4 ed il n° 2, perché se non si espelle l'aria residua, il diaframma rimane in tensione, con conseguente irrigidimento e gonfiamento eccessivo dell'addome.
Quando si saprà eseguire l'esercizio precedente si passerà a suonare le note del flauto senza far uso della lingua.

5. Repeat focusing carefully on every phase. Particular attention is to be paid between phase 4 and 2, for if residual air is not expelled, the diaphragm tightens, causing excessive stiffening and swelling of the abdomen.
Once learned the previous exercise one can proceed to play the notes but always without using the tongue.

It is necessary, at this point, to consider a few fundamentals aspects of sound emission

1. **Direction**
2. **Depth**
3. **Stability**
4. **Lightness**

Difficulties in assimilating these aspects are due to the fact that they enclose not only physical principles, but, most of all, mental concepts.

Imagine your instrument is a blowpipe and compare sound to an arrow. If you focus on this image you'll notice that sound has:

direction *towards a target*

depth, *given by the distance from the target*

stability *given by pressure*

lightness, *given by the kind of solicitated medium: air, this being our case.*

Apply these principles to every sound played during the exercises, which must be played, without tongue usage, slowly counting and breathing between one note and the other. (' = breath sign)

Es. 1

Es. 2

Es. 3

Es. 4

Avrete notato che questi esercizi sono composti da suoni che vanno dall'acuto al grave e viceversa. Per eseguirli correttamente immaginate la loro collocazione su di un piano inclinato posto davanti a voi. La nota più grave sarà posizionata vicino ai vostri piedi e, man mano che salirete, le altre dovranno avere direzione, profondità ed altezza. Seguendo questo principio giungendo alla nota Fa acuta dovrete immaginarla lontana da voi e molto in alto nello spazio. (Ripetere ora gli esercizi precedenti pensando di collocare ogni nota nello spazio a diverse altezze)

The alert reader may have noticed that these exercises include high-to-low pitched notes and viceversa. To carry them out properly imagine placing them on a sloping plane in front of you. The lowest note should be placed at your feet, and, as you gradually go up the scale, the others should have direction, depth and height. Following this principle, reaching the last F note, you ought to imagine it far away from you and high up from the ground (repeat now the previous exercises thinking of placing every note in space at a different height).

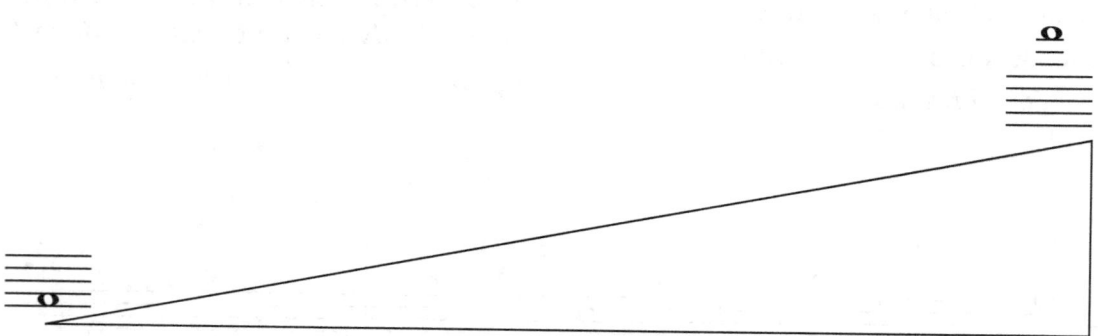

Eseguendo gli esercizi precedenti avrete avuto una certa difficoltà nell'esecuzione delle note gravi (1) e delle note acute (2).

While performing the previous exercises you may have had difficulties in playing low-pitched (1) and high-pitched (2) notes.

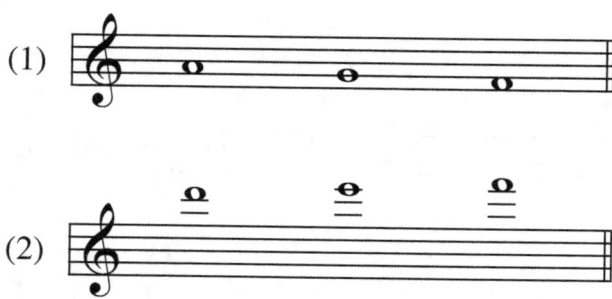

Sarà quindi necessario fare degli appositi esercizi per avere maggiore sicurezza nella loro esecuzione.

Iniziamo da un esercizio senza suonare note:

It is therefore necessary to carry out specific exercises aimed to acquire better confidence in their accomplishment.

Let's begin from an exercise without playing any note.

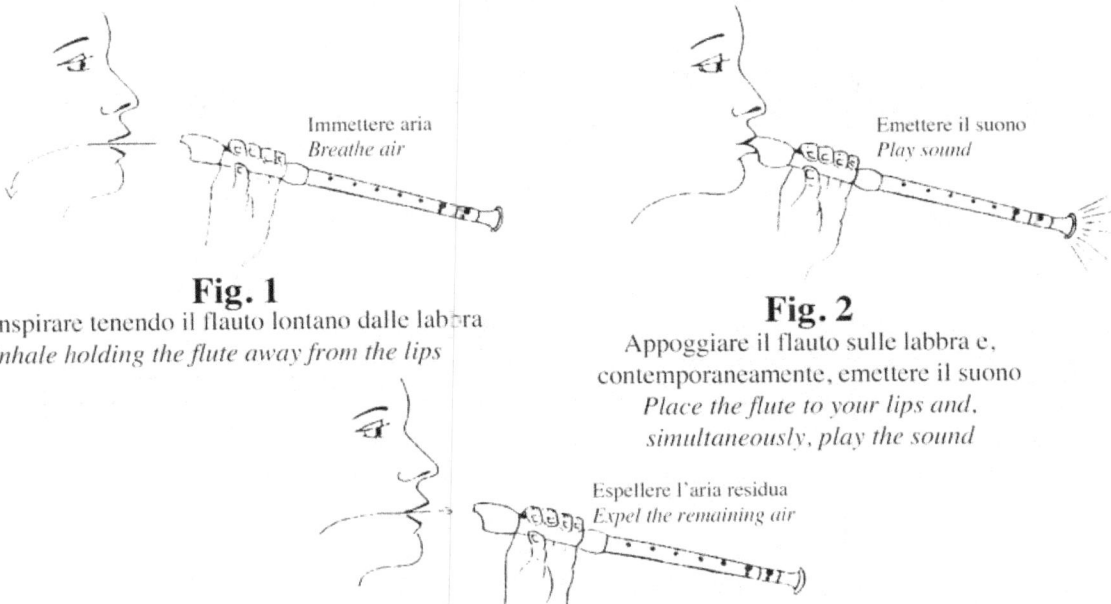

Fig. 1 — Inspirare tenendo il flauto lontano dalle labbra / *Inhale holding the flute away from the lips*

Fig. 2 — Appoggiare il flauto sulle labbra e, contemporaneamente, emettere il suono / *Place the flute to your lips and, simultaneously, play the sound*

Fig. 3 — Allontanare il flauto dalle labbra ed espellere l'aria residua / *Move the flute from your lips and expel the remaining air*

Eseguire gli esercizi 1, 2, 3 senza usare la lingua ed allontanando il flauto tra una nota e l'altra come indicato nelle figure 1, 2, 3.

Carry out exercises nr. 1, 2, 3 without using your tongue, pulling away the recorder between one note and the other.

Es. 1 Lentamente (senza usare la lingua, *do not use the tongue*)

Es. 2

Es. 3

Esercizi sulle scale più usate nel flauto dolce
(Si ricorda di non usare la lingua dopo il respiro)

Exercises on the most used scales on recorder
(Remember not to use the tongue after the breath)

Do M

Si♭ M

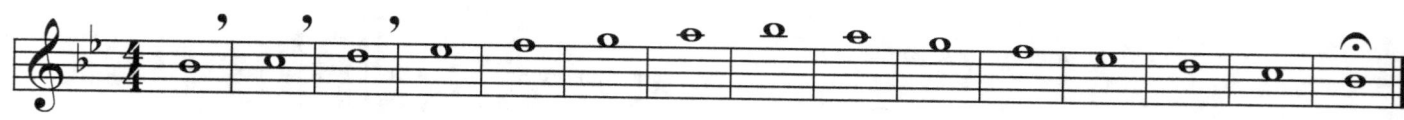

Re M

Fa M

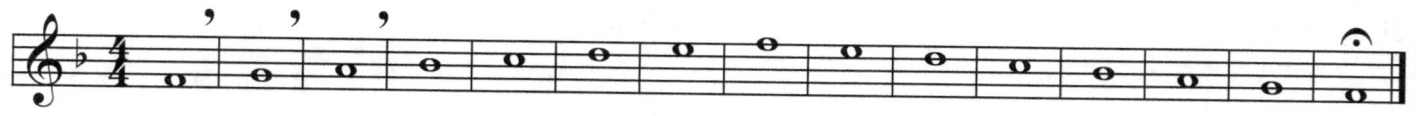

Sol M

Mi♭ M

La M

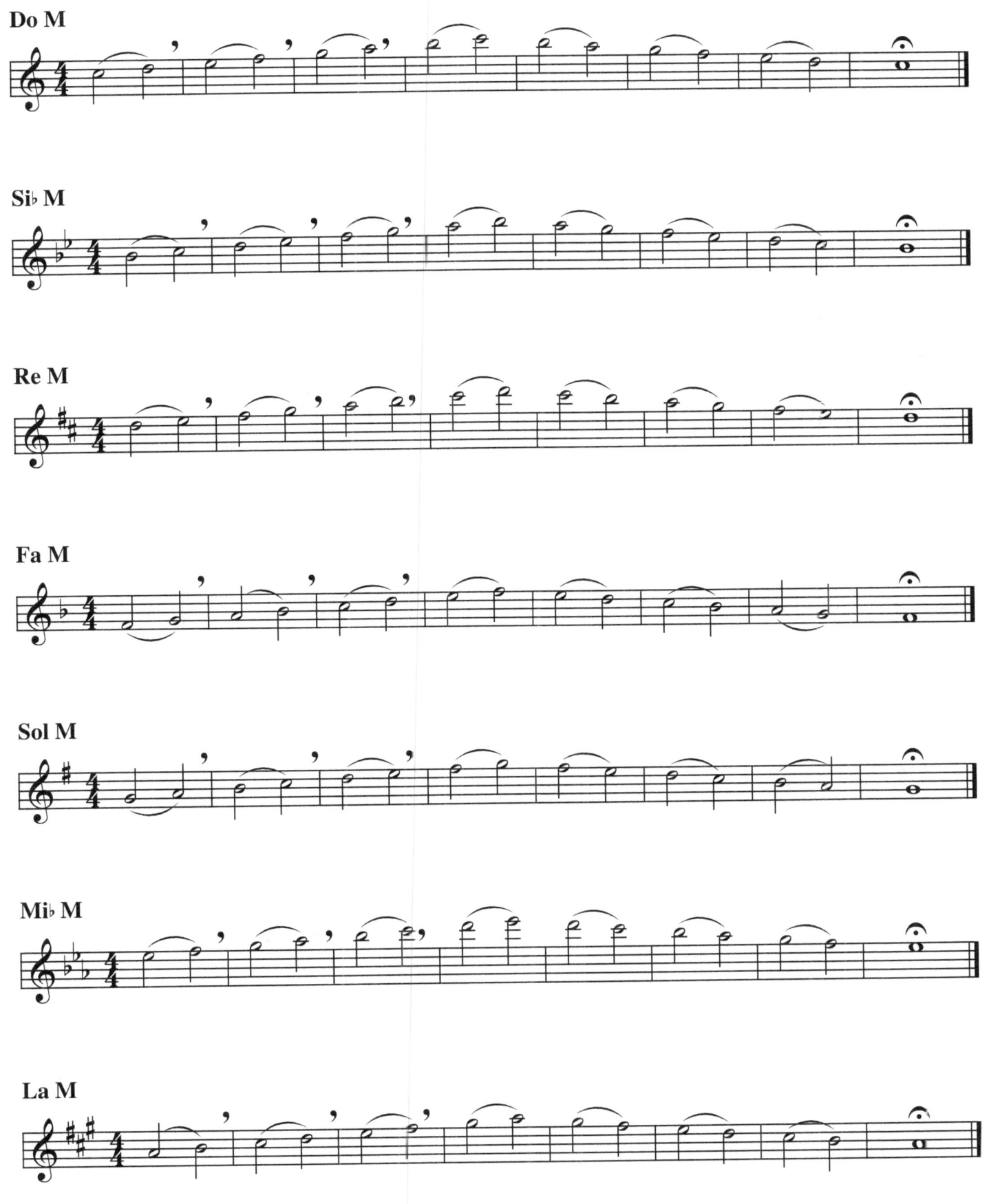

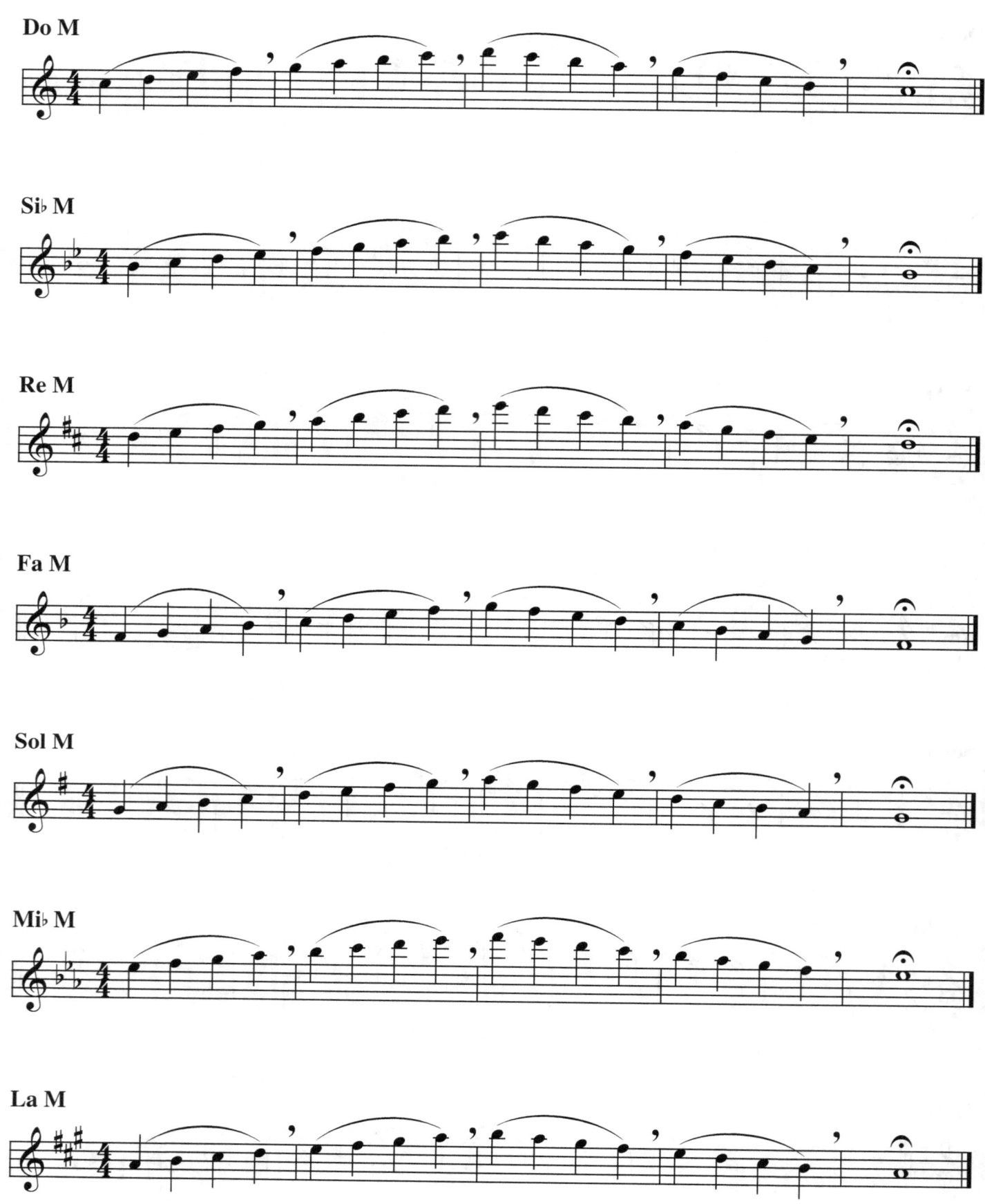

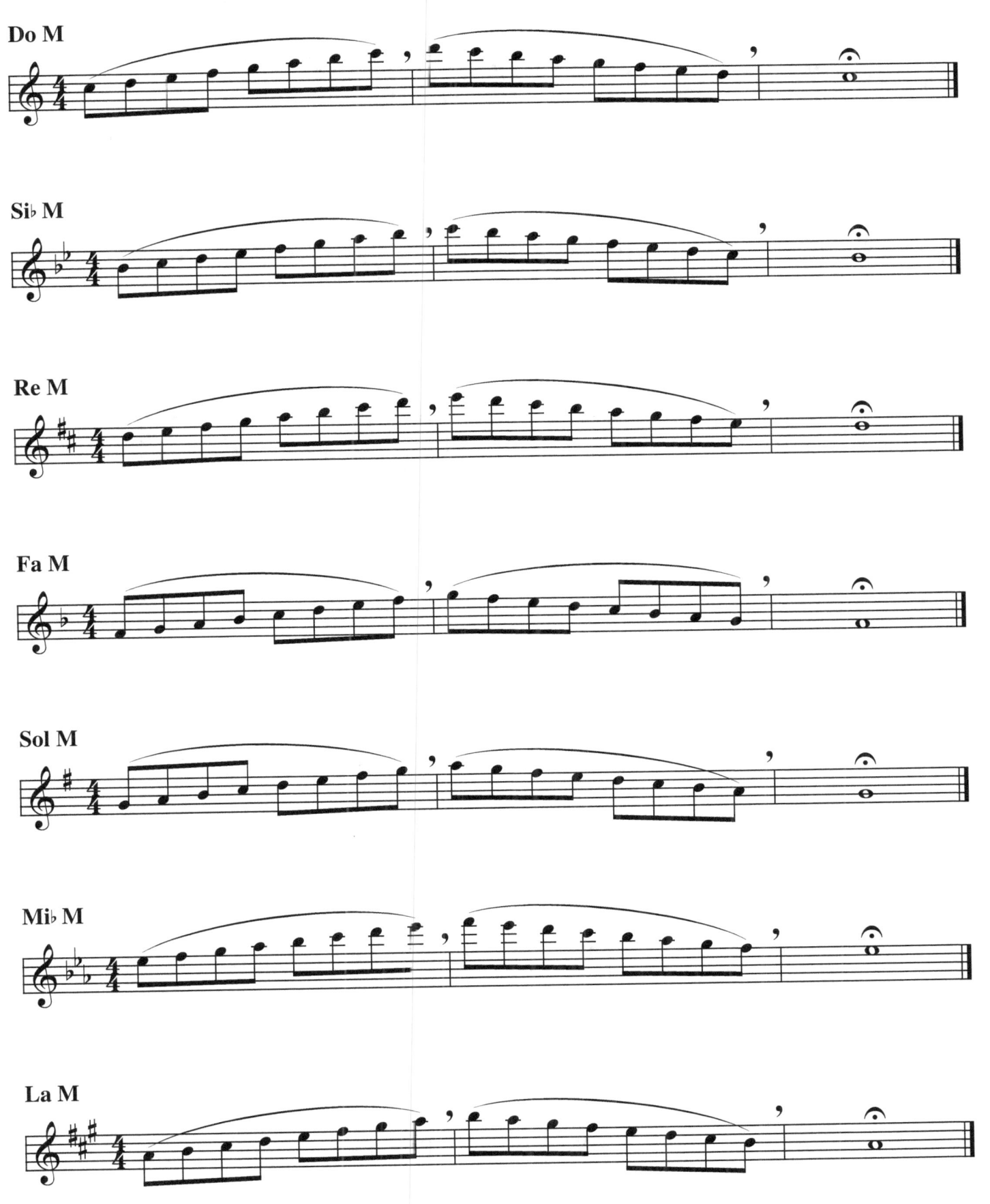

(Si ricorda di non usare la lingua dopo il respiro)
(Remember not to use the tongue after the breath)

Do M

Si♭ M

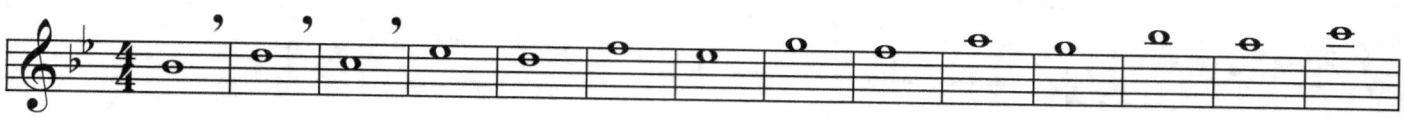

Re M

Fa M

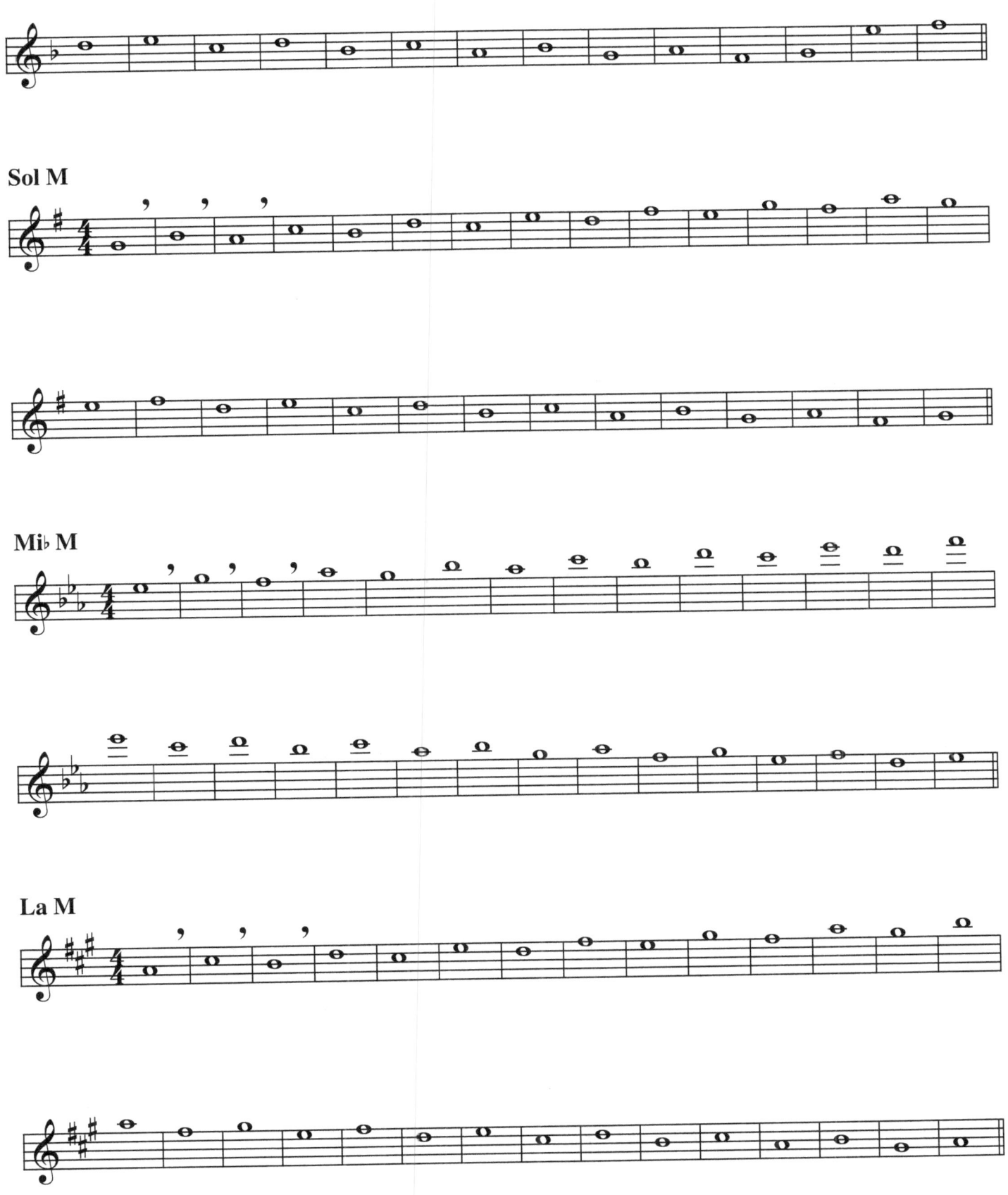

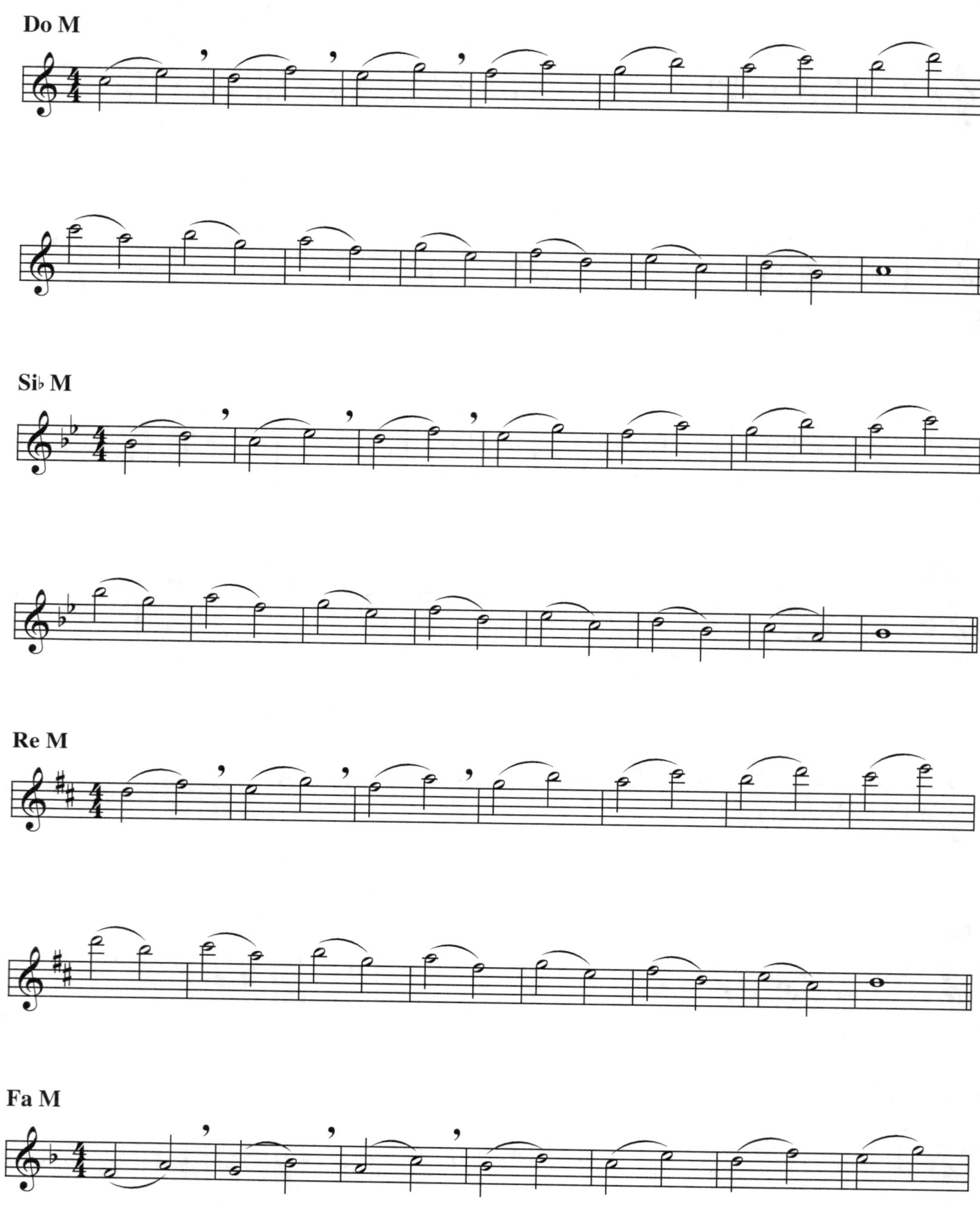

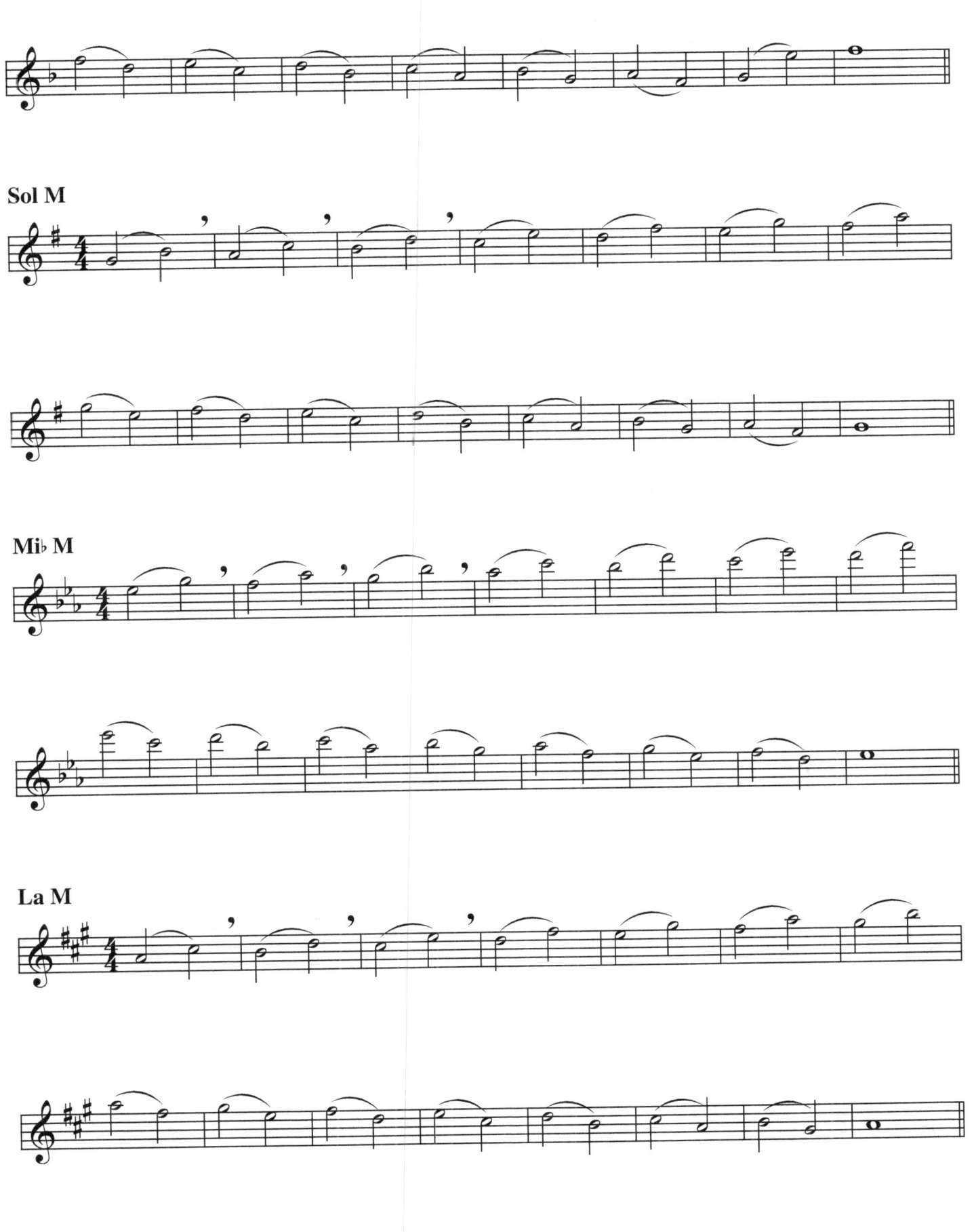

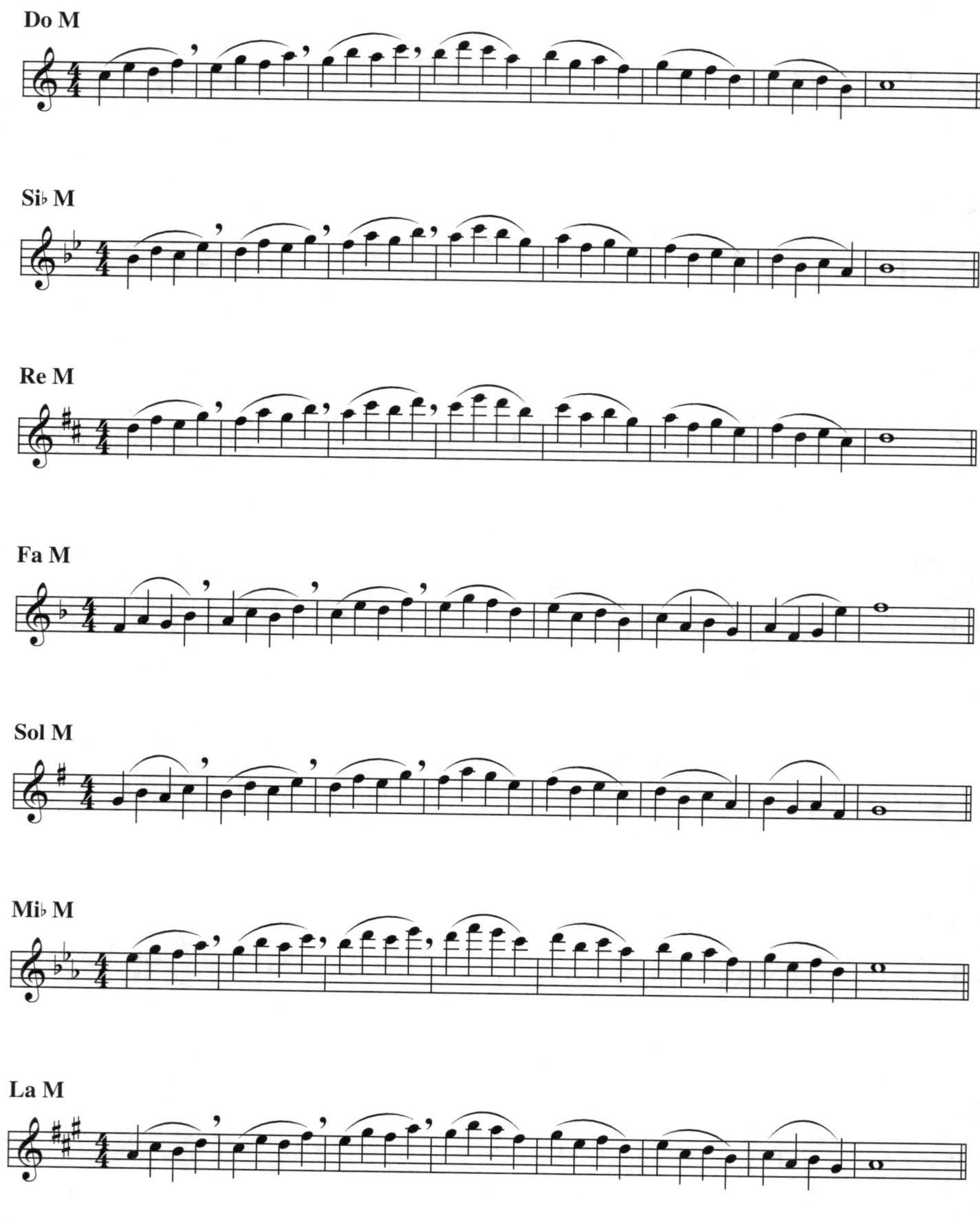

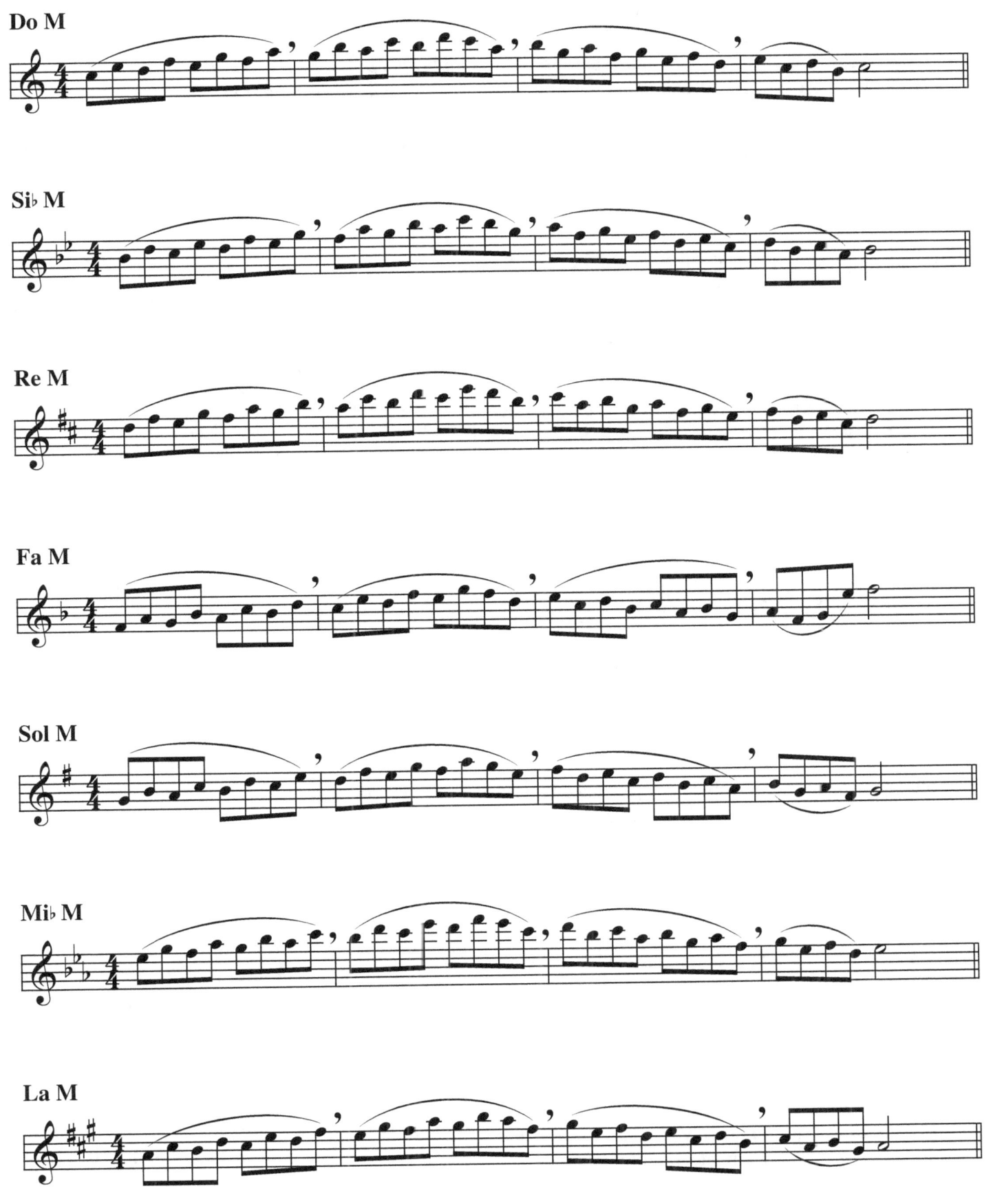

Seconda parte

Dopo essere riusciti ad immettere aria nel flauto con rilassatezza ed avere appreso a suonare le note con la sola pressione del diaframma, possiamo parlare dell'uso della lingua, cioè dell'articolazione.

L'articolazione che qui proponiamo è quella della **t** (articolazione dura) e della **d** (articolazione morbida).

Possiamo dire che la **t** equivale allo staccato e la **d** al portato.

La scelta di questa articolazione è dovuta essenzialmente alla mia personale impostazione flautistica. È possibile, liberamente, usare l'articolazione **t - r** per coloro che abitualmente usano questa seconda possibilità.

Per ottenere una corretta articolazione della **t** e della **d**, il primo problema da affrontare è la "posizione della lingua"; infatti la sua posizione corretta si ottiene pronunciando una "sc". Si noterà che la lingua è ancorata nella parte superiore della bocca e tocca i premolari superiori.

Ora, se pronunciamo una **t**, la lingua colpirà nella congiunzione dei denti incisivi superiori con la parte gengivale. Mentre pronunciando una **d**, la lingua colpirà leggermente indietro.

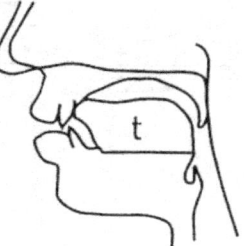

E' molto importante che in ambedue le pronunce la lingua venga portata in avanti; infatti, nella pronuncia della **d**, si tende spesso a fare un movimento contrario, e ciò risulta dannoso per ottenere un'articolazione chiara e precisa.

Le consonanti **t** e **d** si useranno rispettivamente: la prima per ottenere un'articolazione dura e la seconda per un'articolazione morbida, che corrispondono nel linguaggio moderno allo staccato ed al portato.

Passiamo ora agli esercizi pratici, tenendo presente che la **t** significa separare, "staccare"; quindi vi è interruzione dell'aria tra una consonante e l'altra. Mentre **d** significa "portare", quindi occorre lasciare l'aria dentro il flauto contemporaneamente alla pronuncia della consonante.

Possiamo dedurre, da tutto ciò, che dopo un respiro, così come all'inizio di un brano, non essendovi aria nel flauto, la consonante che risulterà pronunciata sarà

Second part

After learning how to blow air in the instrument with looseness and to play the notes with the only aid of diaphragm pressure, it is possible to introduce the use of the tongue, or articulation.

*We propose here the articulation of **t** (hard articulation) and **d** (soft articulation).*
*Consider **t** as equivalent to the staccato and **d** to the portato.*

*The choice of this articulation is due mainly to my personal musical training. It is possible, for those with different habits, to use **t-r** articulation freely.*

*In order to acquire the correct articulation of **t** and **d**, the first problem to face is "the position of the tongue", it may, in effect, be obtained pronouncing "sc". The tongue is then anchored to the palate and touches the upper premolars.*

*Now, if we pronounce **t**, the tongue shall hit the junction between upper incisors ant the gums. While pronouncing **d** the tongue would hit slightly behind.*

*It is important, in both pronunciations, to keep the tongue forward, for, while pronouncing **d**, it often happens to make the opposite movement, and this is detrimental for a clear a precise articulation.*

*Consonants **t** and **d** will be used, the first a hard articulation, the last a soft one, which correspond, in modern language, to "staccato" and "portato".*

*Let's now move on to practical exercises, keeping in mind that **t** means "separate", "staccato"; therefore there is an interruption of the air flow between a consonant and the other. On the other hand **d** means "portato", which requires leaving air in the recorder and pronouncing simultaneously.*

*We can gather from this, that after breathing, as at the beginning of a musical piece, since there is no air in the instrument, the pronounced consonant will always be **t**. Consequently, carrying out exercises beginning with **d** (exercises 1 **d d**, 2, **d d d**, etc.) the result will be : exercise 1, **t d**; 2, **t d d**; etc.*

sempre la **t**. Di conseguenza, quando si eseguiranno esercizi che iniziano per **d** (es.1 **d d**, es.2 **d d d**, etc.) il risultato sarà: es. 1 **t d**, es. 2 **t d d**., etc.

Iniziamo ora a pronunciare una serie di **t** dentro il flauto, solo ritmicamente, senza fare note; cioè tenendo lo strumento nella parte superiore con una sola mano, ricordandosi di togliere aria tra una **t** e l'altra.

Let us now begin by pronouncing a series of t's inside the recorder, without sounds, just rhythmically, holding the instrument from the upper part, stopping the air between one t and the other.

Pronunciamo una seria di **d**, ricordandosi di lasciare aria tra una **d** e l'altra.

Let us now pronounce a series of d's, maintaining the air flow between one d and the other.

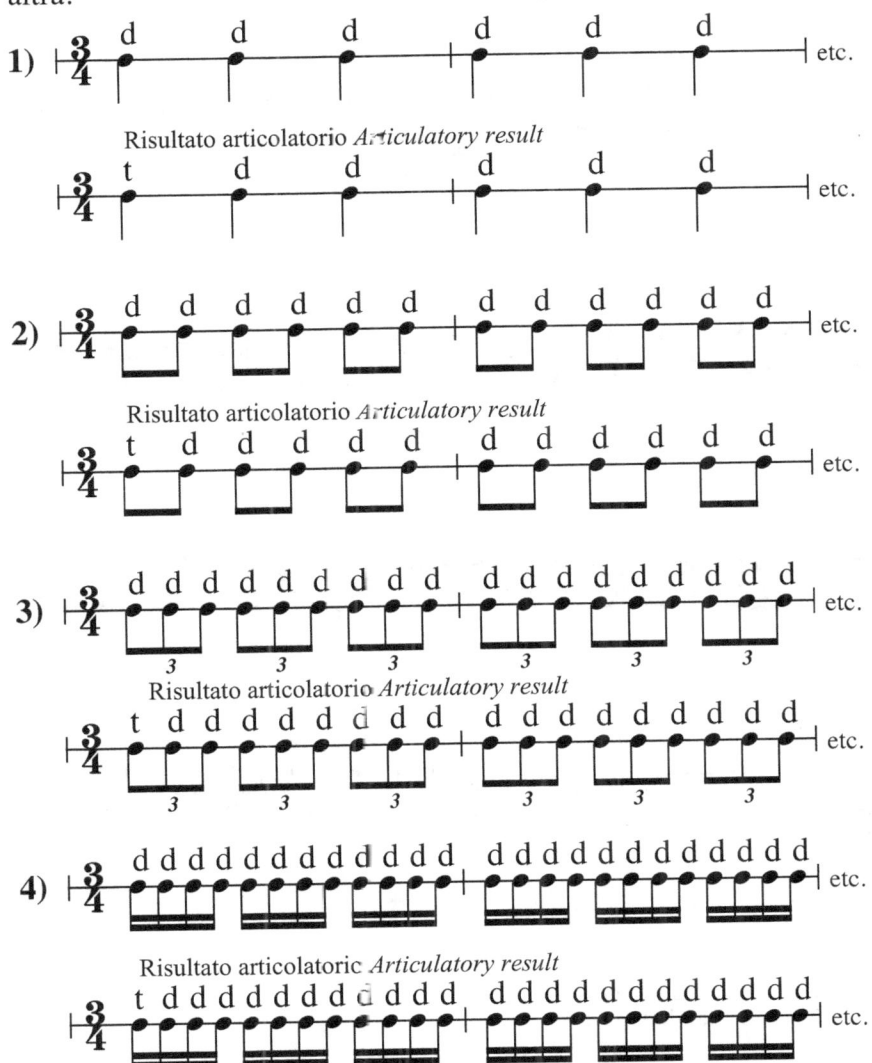

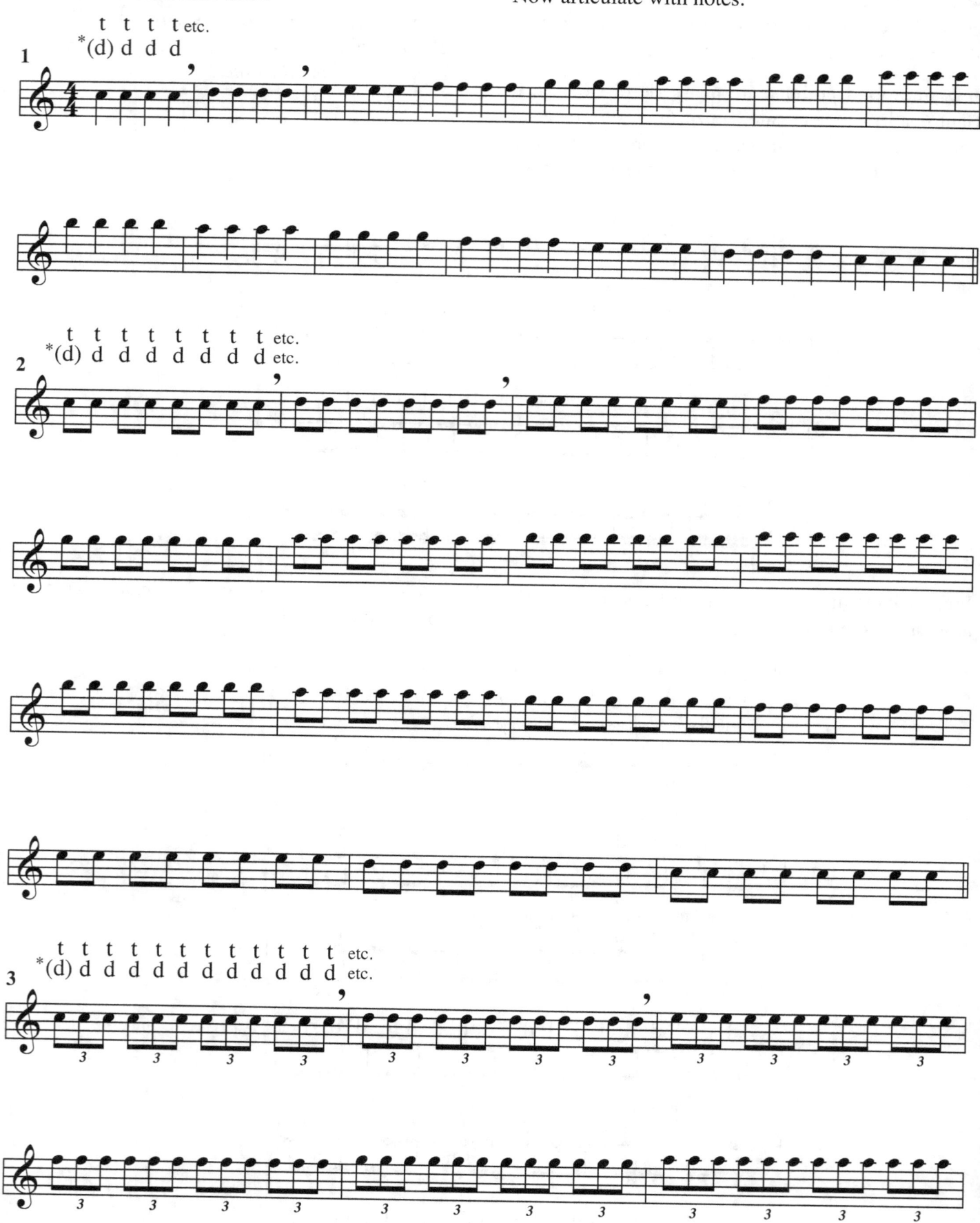

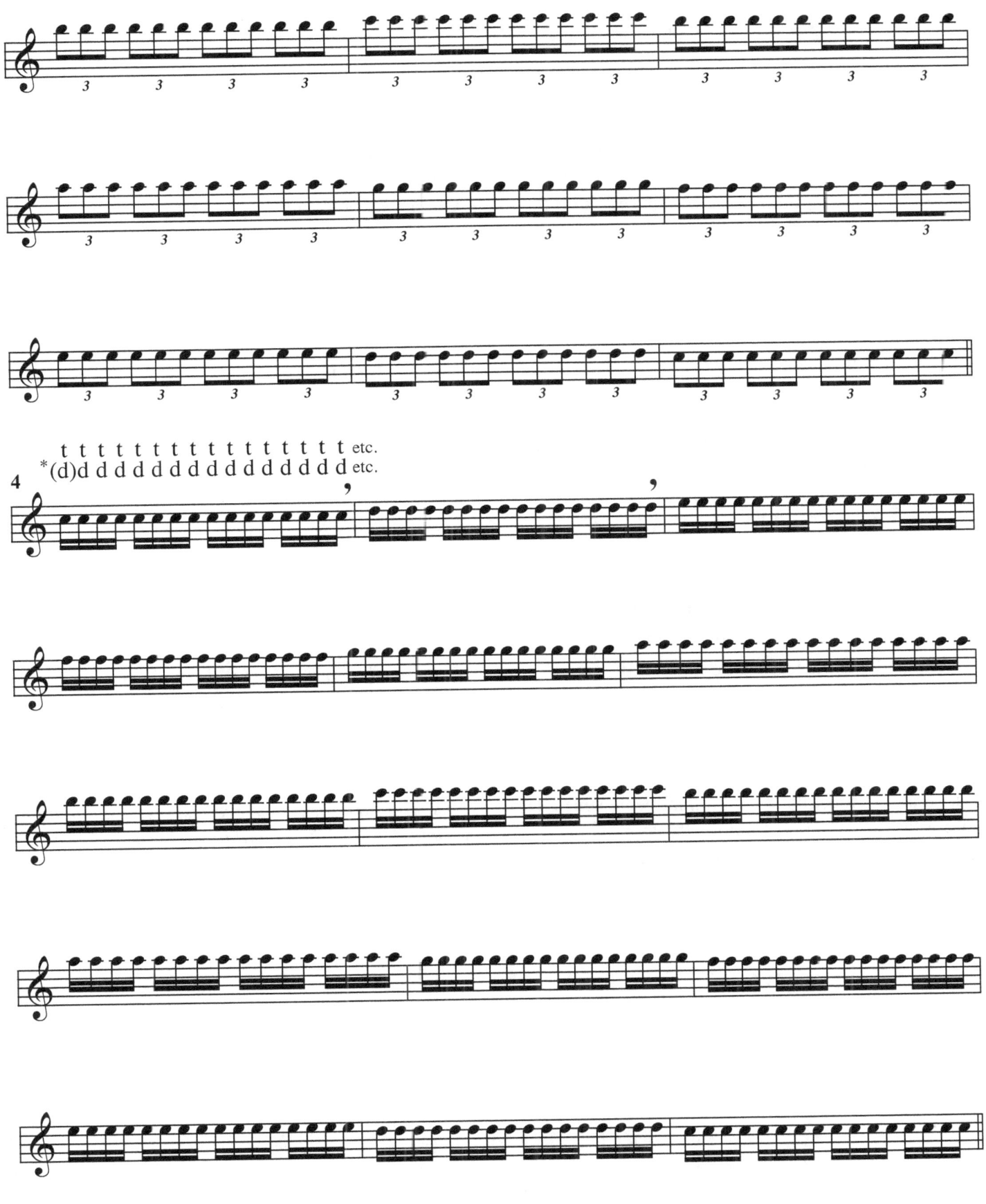

* Il segno (**d**) indica che il risultato articolatorio sarà una **t**
  The symbol (**d**) indicate that the articulatory result will be a **t**

COMBINAZIONI ARTICOLATORIE (1a parte)
ARTICULATORY COMBINATIONS (1st part)

Parliamo ora della combinazione della **t** e della **d**. Come abbiamo detto precedentemente la **t** è un'articolazione corta e la **d** un'articolazione lunga. Quindi, tenendo conto di queste particolarità, se sto suonando una serie di **t** e voglio passare ad una serie di **d** dovrò necessariamente lasciare l'aria dentro il flauto nell'ultima **t** per cambiare articolazione.

Let us now consider a combination of t and d

As already mentioned t is a short articulation, and d is a long articulation. Therefore, keeping in mind these characteristics, should one wish to switch from a series of t's and one of d's, it will be necessary to leave air in the instrument after the last t to change articulation.

Es. ṫ ṫ ṫ t̄ d d d ecc.

E.g. ṫ ṫ ṫ t̄ d d d etc.

Al contrario se sto eseguendo una sequenza di d e voglio passare alle t l'ultima d dovrà essere corta e quindi dovrò interrompere il flusso di aria nel flauto.

On the contrary, switching from d's to t's, the last d is short, therefore the flow of air in the recorder will be interrupted.

Es. d̄ d̄ d̄ ḋ t t t ecc.

E.g. d̄ d̄ d̄ ḋ t t t etc.

Possiamo quindi precisare quanto segue:
1. la **t** che precede la **d** è lunga t̄ d
2. la **d** che precede la **t** è corta ḋ t
3. la **d** che precede la **d** è lunga d̄ d
4. la **t** che precede la **t** è corta ṫ t

It is now necessary to stress what follows.
1. a t preceding a d is long t̄ d
2. a d preceding a t is short ḋ t
3. a d preceding a d is long d̄ d
4. a t preceding a t is short ṫ t

Eseguiamo ora degli esercizi inizialmente senza definire le note, tenendo il flauto soltanto nella parte superiore e successivamente eseguiremo quelli con le note.

Let us now carry out some exercises without defining any note, holding the recorder from the upper part at first, and then the other exercises with the notes.

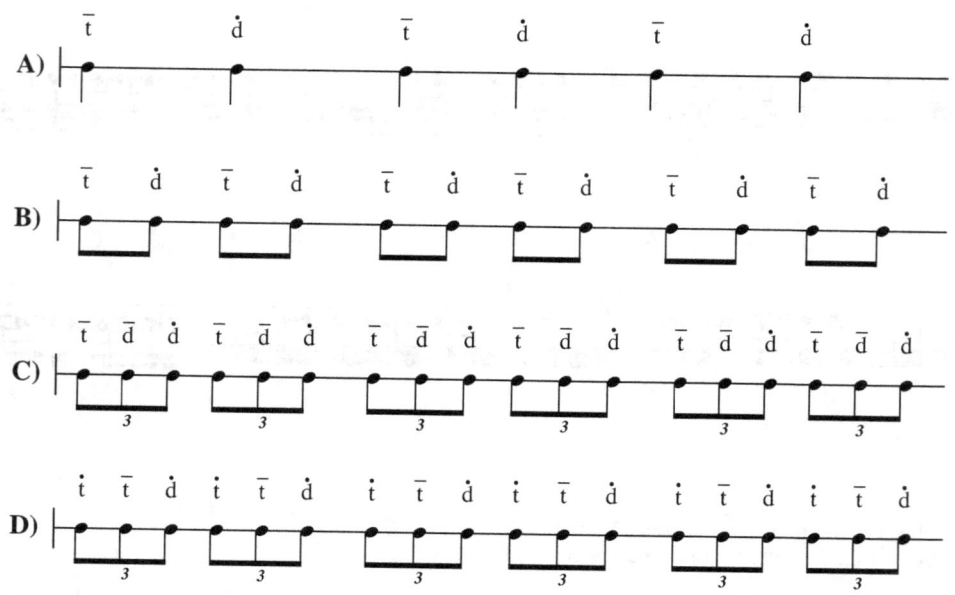

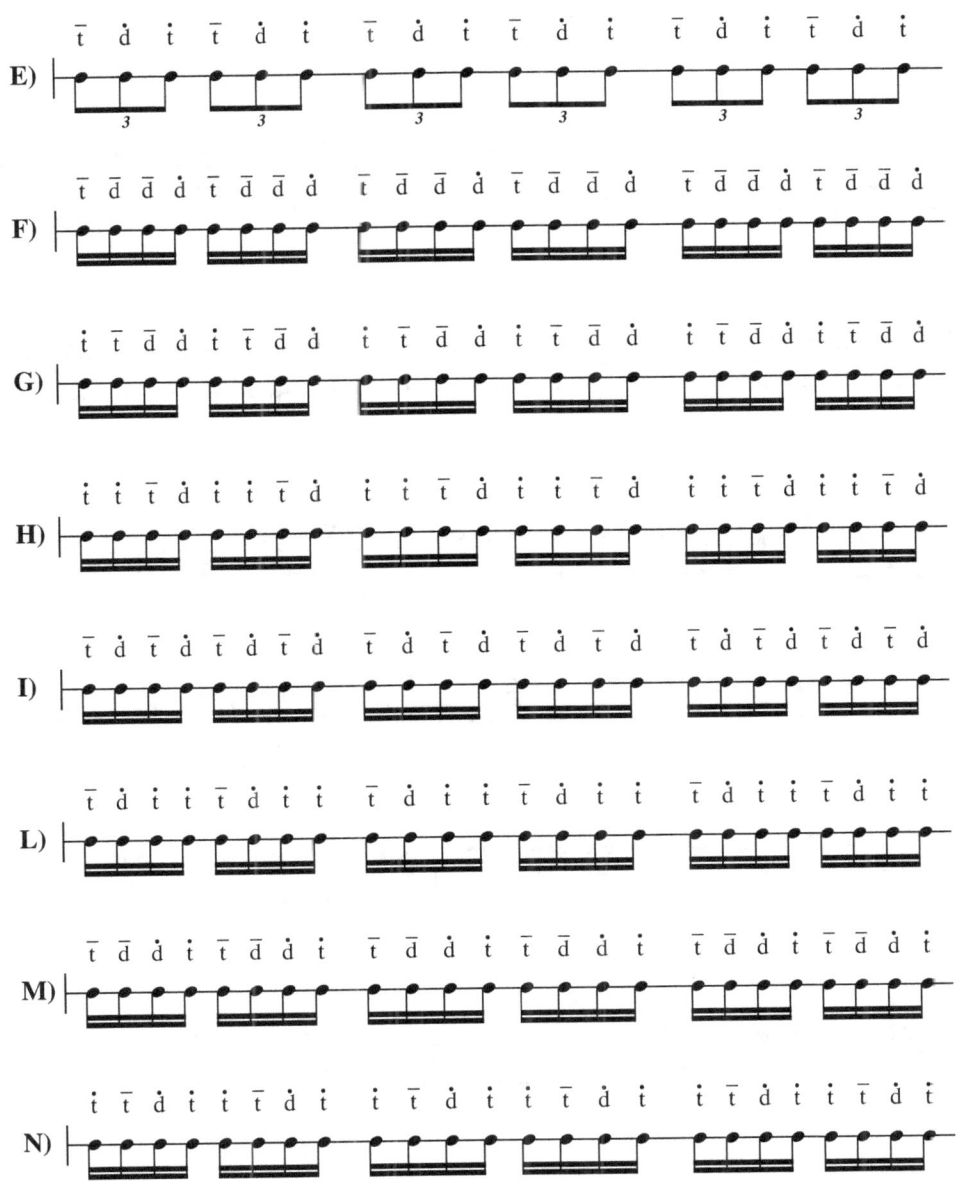

Applichiamo le articolazioni alle note

Now apply articulations to notes

Applichiamo diverse combinazioni alla stessa figurazione ritmica:

Perform different combinations to the same rhythmic figuration:

applicare tutte le combinazioni all'esercizio

apply all combinations to the exercise

applicare tutte le combinazioni all'esercizio

apply all combinations to the exercise

Esercizi di emissione e articolazione nelle tonalità principali (1a parte)
Esercises for emission and articulation in the main key signatures (1th part)

Do

Sol

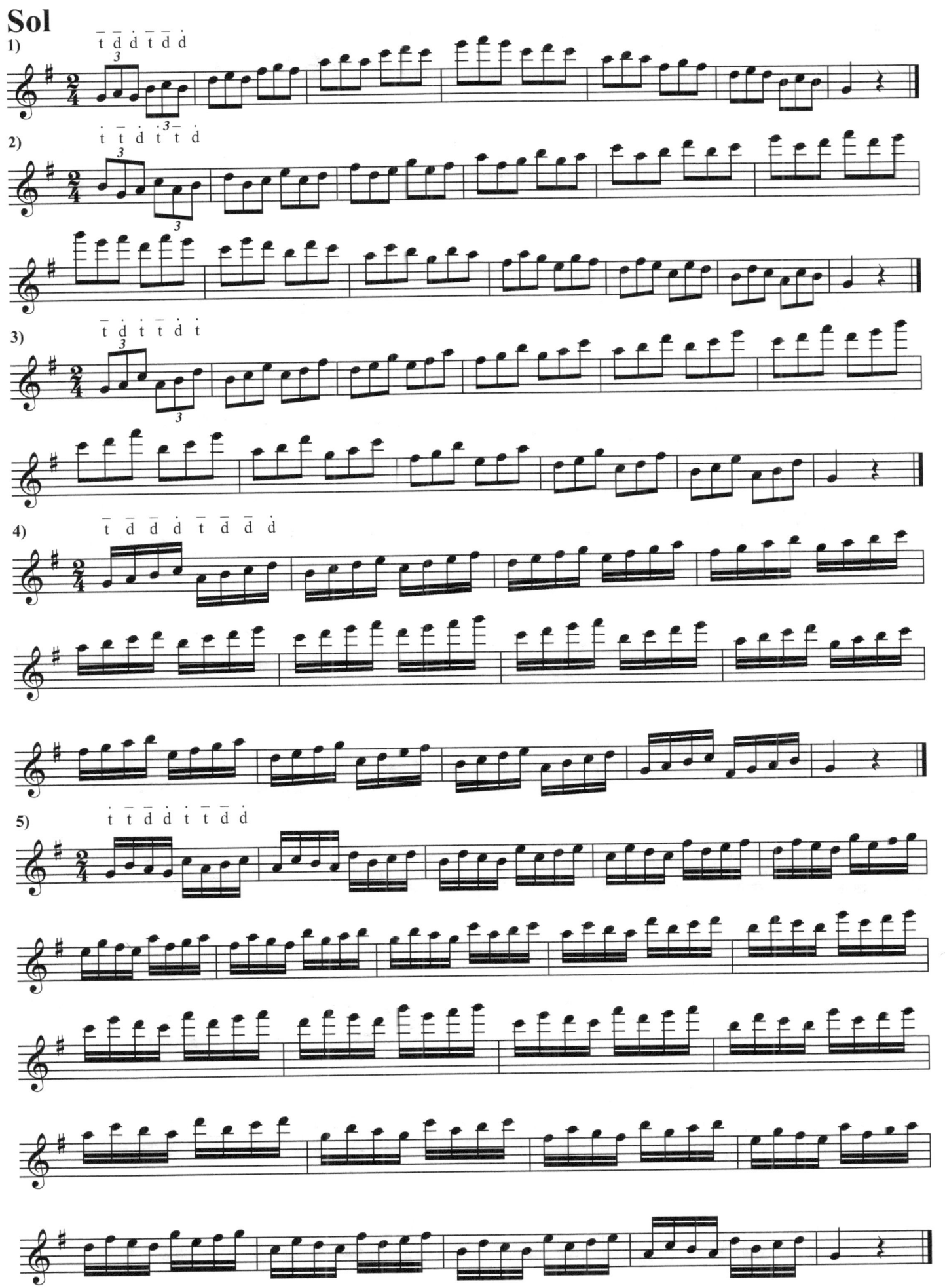

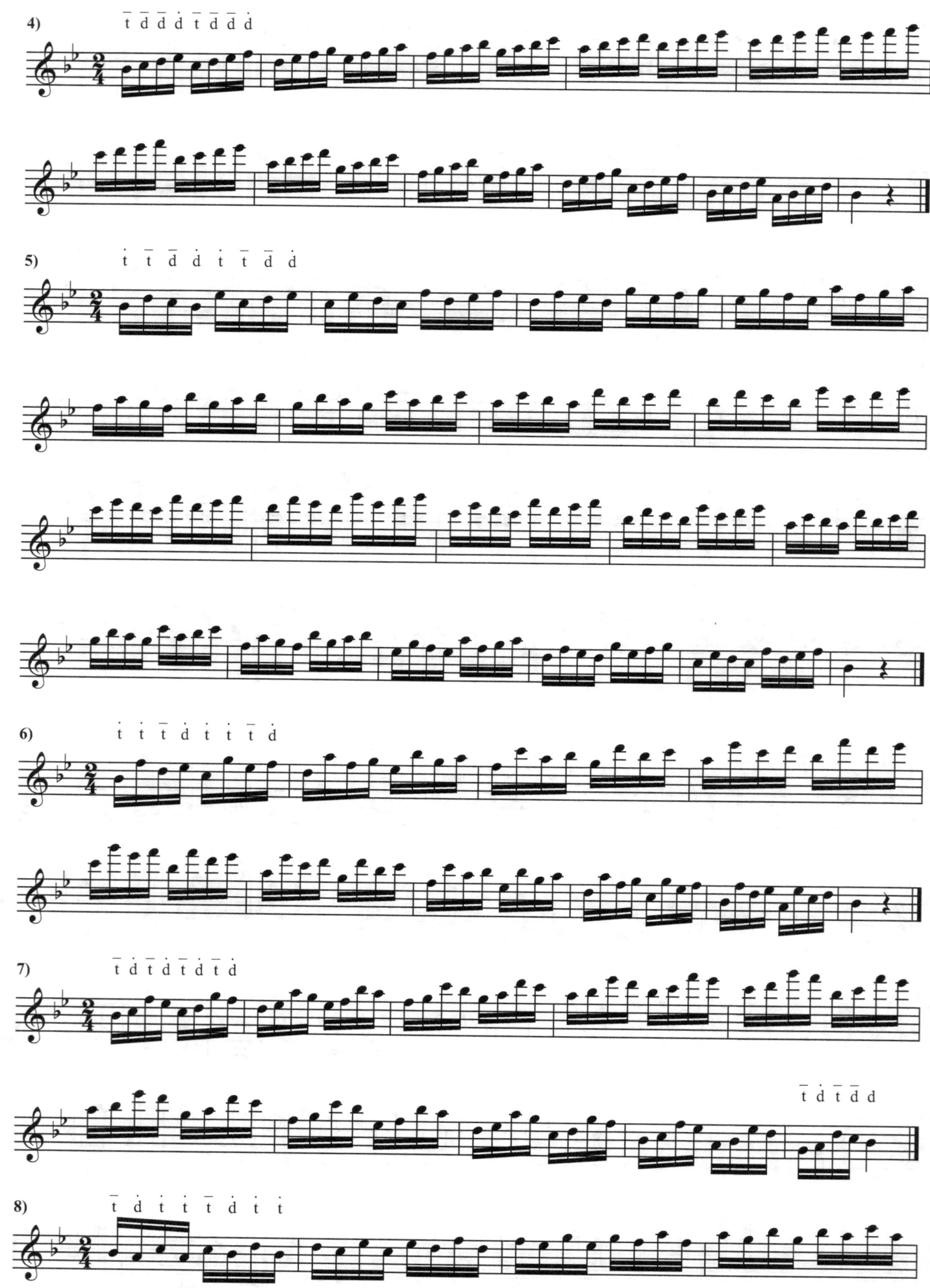

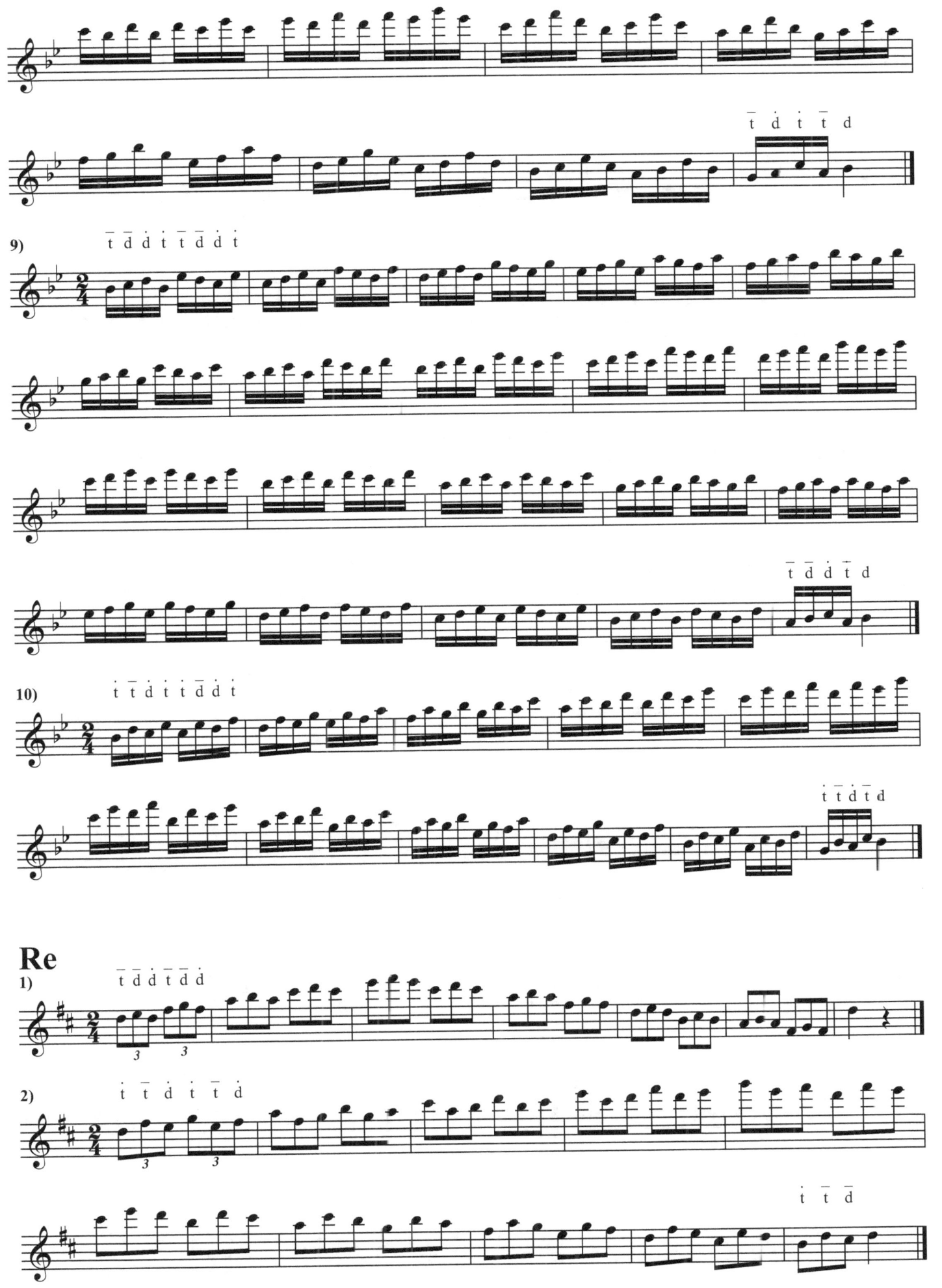

Mi♭

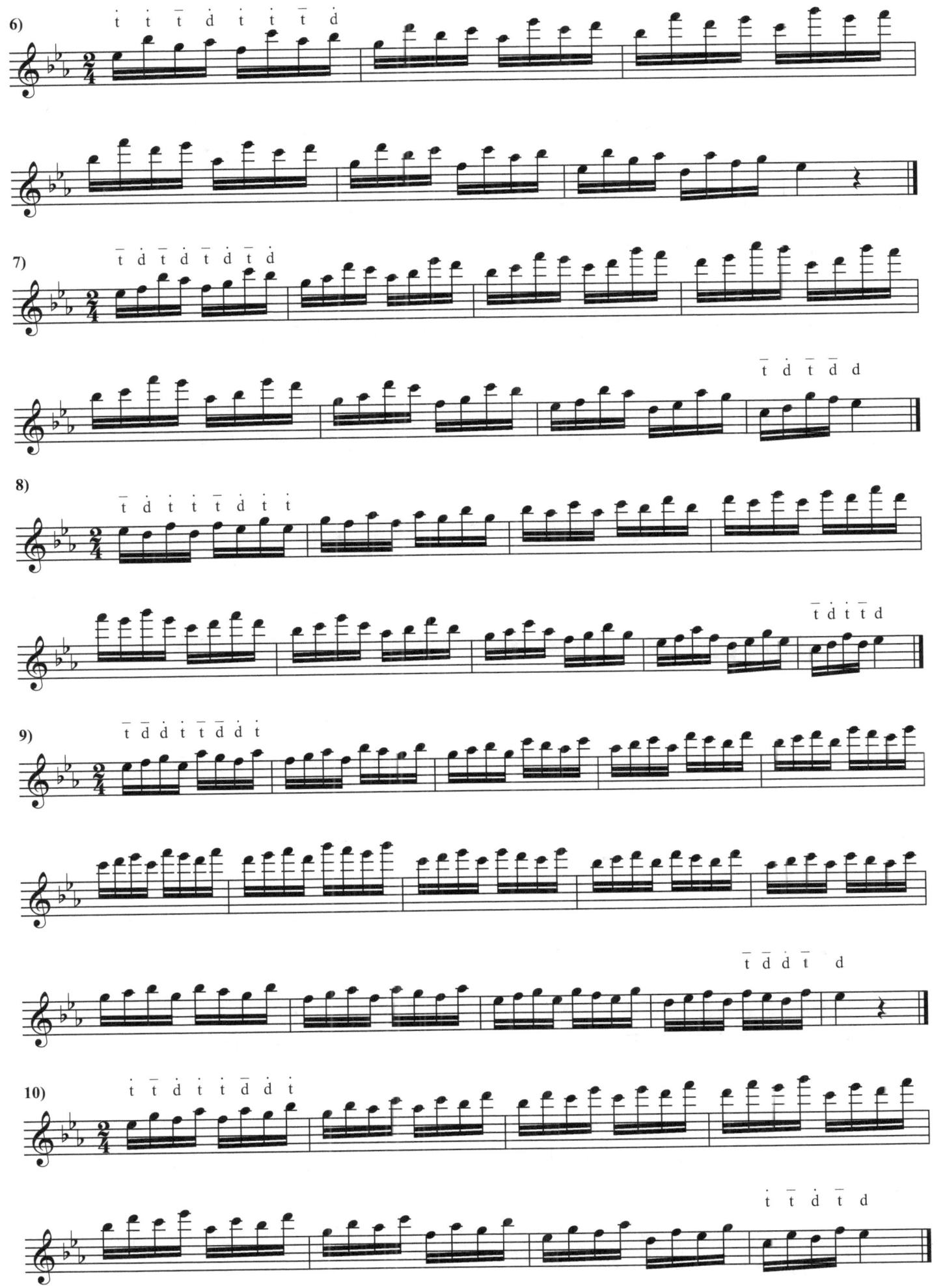

La

COMBINAZIONI ARTICOLATORIE (2a parte)
ARTICULATORY COMBINATIONS (2nd part)

Gli esercizi successivi pongono un nuovo problema: quello dell'accento.

In musica esistono due tipi di accento: "accento ritmico" e "accento melodico".

L'accento ritmico è distribuito all'interno della battuta musicale secondo l'indicazione di tempo e può essere forte o debole.

L'accento melodico è suggerito dal fraseggio musicale. Essi possono coincidere o non coincidere.

L'articolazione dura **t** può coincidere con l'accento ritmico, come negli esercizi finora affrontati, ma può anche essere usata su una nota ritmicamente non accentata, come si vedrà negli esercizi successivi. In questi troveremo la **d** sull'accento ritmico forte mentre la **t** cadrà sull'accento ritmico debole. Qualora ci si trovasse in difficoltà nel mantenere un ritmo giusto potrà essere d'aiuto l'uso del metronomo.

Poiché l'inizio di un'articolazione prevede sempre l'uso della **t** mentre nei seguenti esercizi dovremmo iniziare con una **d**, sostituiremo le d iniziali con delle pause iniziando gli esercizi con la **t** usata sul tempo debole.

The following exercises propose a new issue: accent. In musical theory there exist two different kinds of accent, "rhythmic accent" and "melodic accent".

The first is spread out within the measure according to the prescribed tempo and it can be weak or strong; the latter is suggested by the whole musical phrasing. These may coincide or not.

*The hard articulation **t** may coincide with rhythmic accent, as in the exercises hitherto proposed, but it can also be applied to one note without rhythmic accent, as we will see in the following exercises. In these cases **d**'s will be pronounced on the strong rhythmic accent and **t**'s on the weak rhitmic accent. In case of necessity use a metronome to mantain a correct rhythm.*

*Since the start of an articulation always requires a **t**, whereas in the following exercises there is **d** at the very beginning, we shall substitute d's with pauses in those exercises with a t on the downbeat.*

Nuovamente eseguiamo prima degli esercizi senza definire le note, tenendo il flauto soltanto nella parte superiore e successivamente eseguiremo quelli con le note.

Once more let's play without defining any note, holding the recorder from the upper part at first, and then the other exercises with the notes.

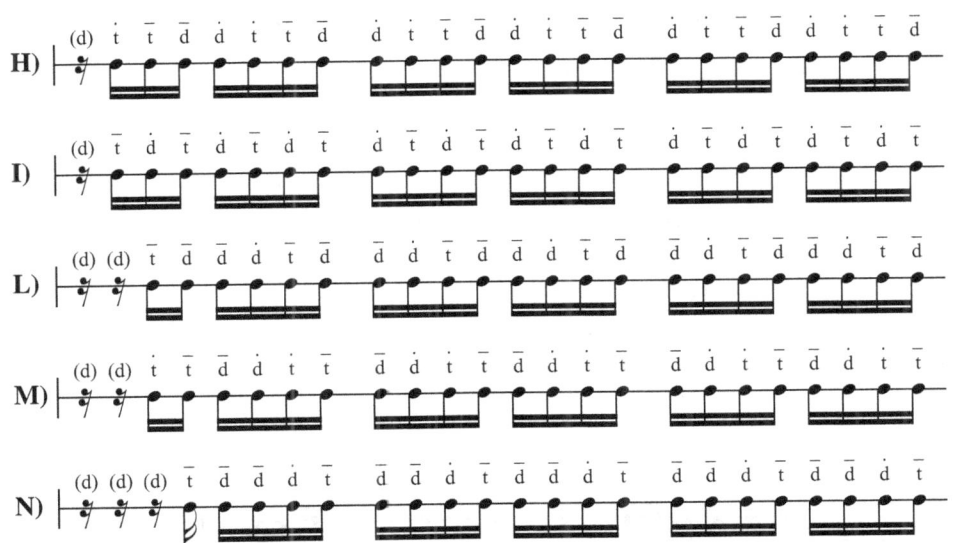

Applichiamo le articolazioni alle note

Now apply articulations to notes.

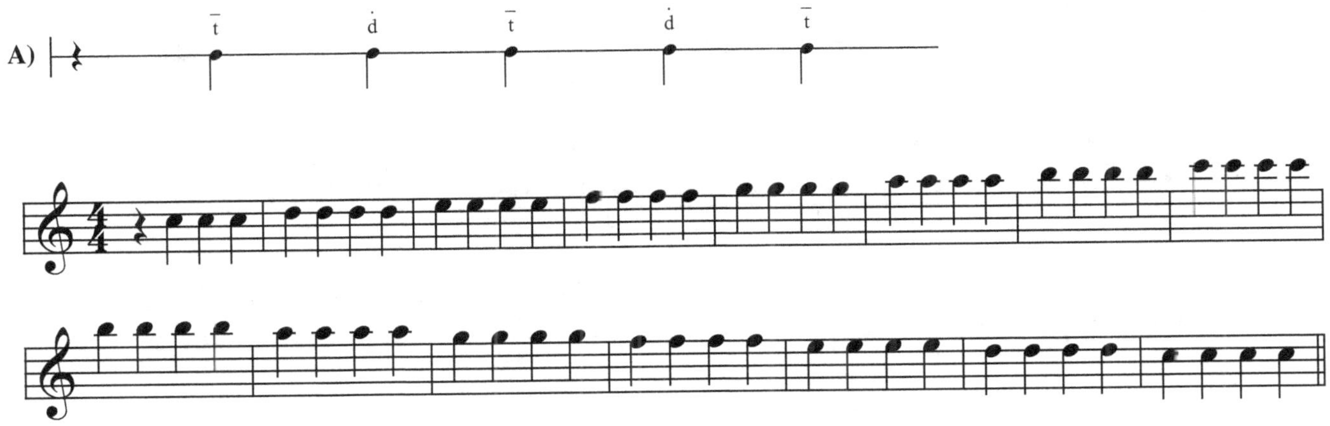

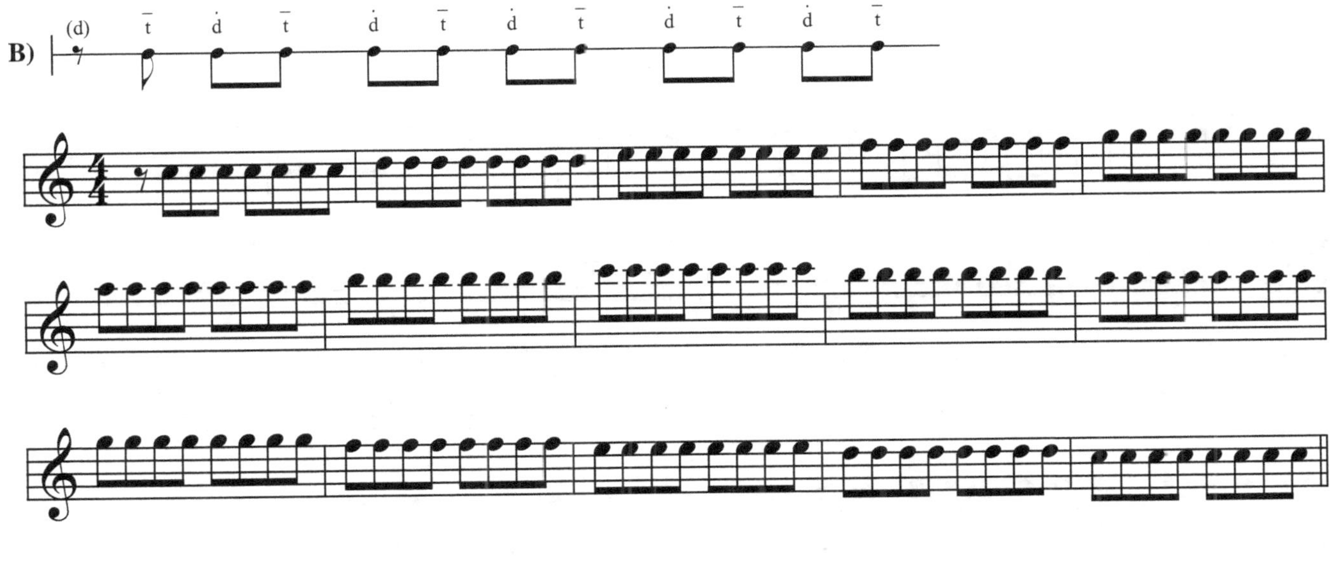

applicare le combinazioni **C** e **D** nel prossimo esercizio

*apply combinations **C** and **D** in the following exercises*

applicare le combinazioni **F**, **G**, **H** ed **I** nel prossimo esercizio

*apply combinations **F**, **G**, **H** and **I** in the following exercises*

applicare le combinazioni **L**, ed **M** nel prossimo esercizio

*apply combinations **L** and **M** in the following exercises*

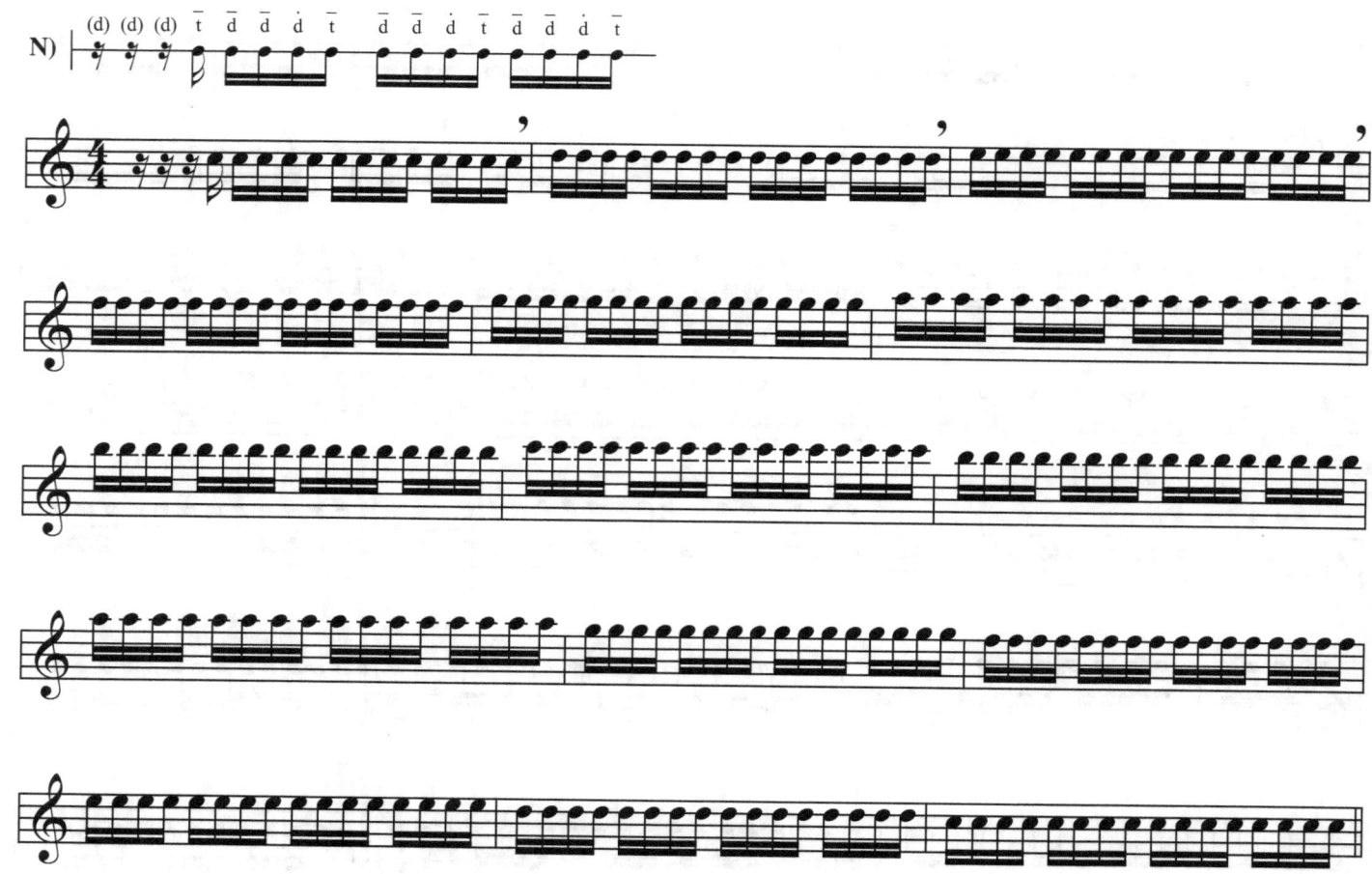

Esercizi di emissione e articolazione nelle tonalità principali (2a parte)
Esercises for emission and articulation in the main key signatures (2nd part)

Do

Sol

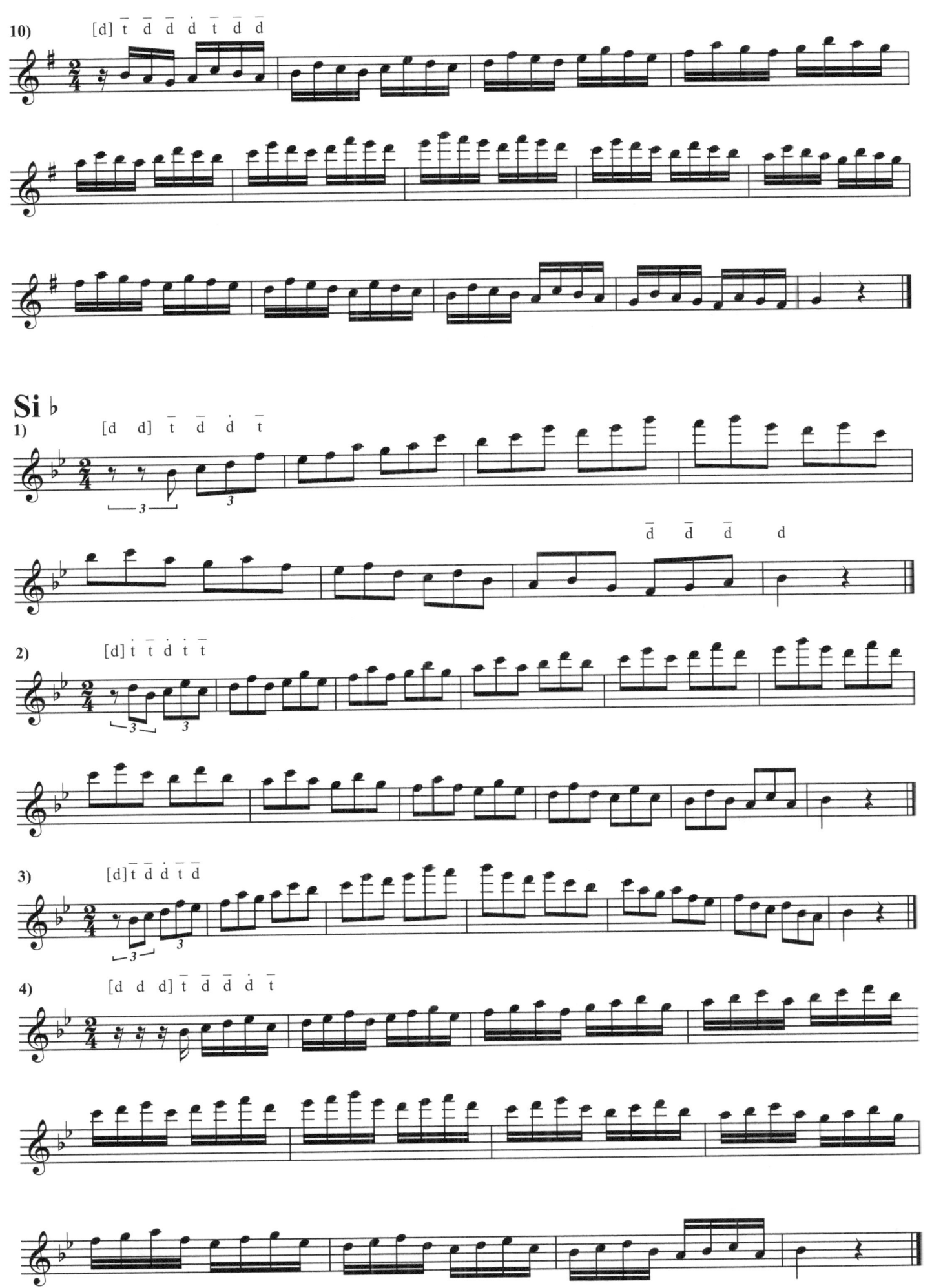

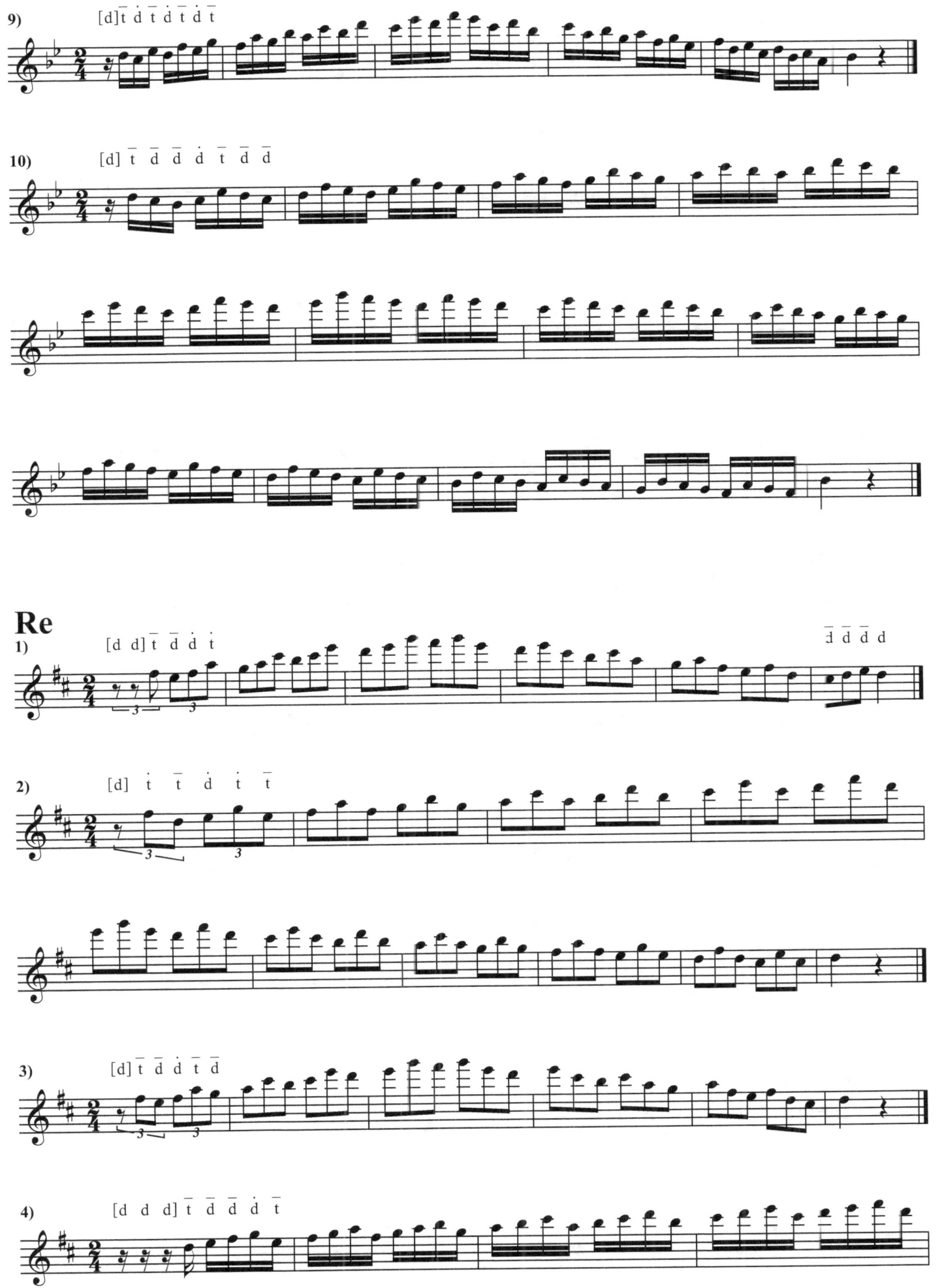

Terza Parte

Proporre l'uso dell'articolazione in un brano musicale è un compito complesso e, soprattutto, mai trattabile esaurientemente, per questo non pretendo di dare regole o soluzioni definitive alla sua applicazione. Porgerò essenzialmente dei consigli dettati sempre e comunque dalla mia personale esperienza. A questo proposito, teniamo presente che l'applicazione dell'articolazione, ci riferiamo alle sillabe **t** e **d** *, è legata essenzialmente all'analisi di alcuni elementi della composizione da eseguire.

Più precisamente si tratta di valutare:
a) l'aspetto intervallare (distanza tra le note)
b) le figurazioni ritmiche
c) l'armonia e la struttura del brano musicale
d) l'andamento temporale (velocità ed accentuazione ritmica)
e) lo stile

Ribadiamo che l'indicazione di alcune regole riguardanti i punti suindicati deve essere sempre considerata come una delle possibilità e non come unico modo di affrontare l'esecuzione.

---

* Come abbiamo già detto l'articolazione **t-d** può essere sostituita da **t-r**, secondo la propria impostazione articolatoria.

Third Part

*To recommend the use of articulation in a music piece is a complex task and, above all, never complete. This is why I do not pretend to give definitive rules or solutions to its application. Essentially mine will be an advice, always based on my personal experience. For this reason, let us bear in mind that the application of articulation (we refer here to the letters **t** and **d***, is essentially derived from the analysis of some elements of the composition that we are performing.*

In particular we need to consider the following:
a) intervals (distance between notes)
b) rhythmic patterns
c) harmony and the form of the piece
d) tempo (speed and rhythmic accents)
e) style

We reiterate that the few rules we propose concerning the above elements must always be considered one of the possibilities, never the only way to approach the performance.

---

* *As already stated, the articulation **t-d** can be replaced by **t-r**, according to one's own articulatory position.*

Prendiamo in considerazione il primo elemento: l'aspetto intervallare. Iniziamo ad illustrare, attraverso esempi, l'esecuzione di note che procedono per gradi congiunti si articolano preferibilmente con la **d**.

Let us consider the first element: intervals.
Let us begin by illustrating, through examples, the performance of notes in steps, preferably articulated with **d**.

Gli intervalli di terza si possono articolare in un duplice modo: sia con la **t** che con la **d**. La diversa esecuzione di questo salto dipende dal tipo di intervalli che sono in prossimità. Ad esempio se la terza è seguita da gradi congiunti sarà preferibile articolarla con la **t**.

Thirds can be articulated in two ways: with **t** *and with* **d**. *The different performance of this interval depends on the kind of adjacent intervals. For example, if the third is followed by a second, it will be advisable to articulate it with a* **t**.

Diversamente, se è preceduta e seguita da intervalli superiori alla terza, sarà consigliabile articolarla con la **d**.

Conversely, if it is preceded and followed by intervals larger than the third, it is advisable to articulate with a **d**.

Gli intervalli superiori alla terza si articolano con la **t**.

Intervals larger than the third are articulated with **t**.

Le note ripetute richiedono sempre la **t**.

Repeated notes always require a **t**.

La **nota bordone** assume sempre l'articolazione **d**.

The **drone note** *is always articulated with* **d**.

Negli esempi che seguono è consigliabile l'articolazione **t-d**, in alternativa all'articolazione con la sola **t** nel primo esempio (con intervalli superiori alla terza)

*In the following examples we recommend a **t-d** articulation instead of using only **t** in the first example (intervals bigger then thirds),*

o con la sola **d** nel secondo (con intervalli di terza).

*or only **d** in the second (intervals of thirds).*

Nei casi in cui si abbiano ripetizioni di frammenti melodici è preferibile cambiare l'articolazione al fine di rendere l'interpretazione più interessante e variata.

Where melodic fragments are repeated it is advisable to change the articulation in order to make the performance more interesting and varied.

Facciamo ulteriori considerazioni.
In un brano ricco di intervalli (in cui siano pochi o manchino del tutto i gradi congiunti), l'uso delle regole esposte può risultare svantaggioso, per l'esecuzione, in questo caso la soluzione migliore è l'uso della **t** o della **d** per l'intero brano.

*When a line is rich with intervals (and with few or no steps) the suggested rules can be disadvantageous, in which case the best solution is to use **t** or **d** for the whole piece.*

Nella breve nota introduttiva avevamo considerato la possibilità di analizzare la figurazione ritmica come secondo elemento per giungere ad una adeguata esecuzione del brano.

In our short introductory note we considered the possibility to analyse the rhythmic pattern as a further element to reach a correct performance of the piece.

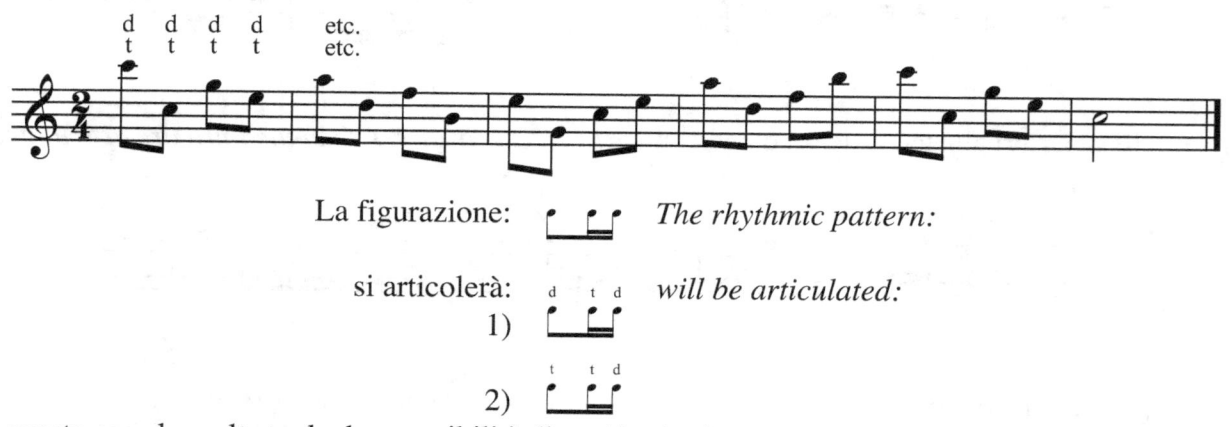

Anche in questo caso la scelta tra le due possibilità dipenderà dal tipo di intervallo che precede questa figura ritmica. In ambedue i casi le semicrome vanno sempre articolate con **t-d**.

*Also in this case the choice between the two possibilities will depend from the type of interval that precedes this rhyitmic pattern. In both cases the semiquavers should be always articulated with **t-d**.*

Nelle figure puntate, indipendentemente dall'intervallo precedente, la nota dopo il punto verrà sempre articolata con la **t**.

In dotted rhythms the note following the dot will be articulated with t.

Nelle figure sincopate la nota centrale prende sempre la **t** anche se seguita o preceduta da gradi congiunti.

In syncopated patterns the central note is always t, even if preceded or followed by steps.

Anche tra figure musicali diverse può avvenire un cambio articolatorio.

A change in articulation can also happen between different musical patterns.

Si possono poi suggerire ulteriori tipi di articolazione quando si presentino
A) le progressioni
B) il cambio di accordo implicitamente indicato dalla melodia.
In sintesi, ogni brano musicale deve essere eseguito tenendo conto di molti fattori.
Ognuno potrà infondere la propria idea interpretativa usando le varie possibilità articolatorie. A questo fine c'è da tenere presente anche l'andamento temporale del brano (velocità), capace di indicare in sé l'uso appropriato di ognuna di esse.
Negli esempi che seguiranno mostreremo l'articolazione prendendo ogni volta in considerazione una diversa possibilità esecutiva.

Further types of articulation can be proposed when finding
A) progressions
B) a change in the chord implicit in the melody

To sum up, every musical piece needs to be performed taking many factors into account.
Each person can instill his own interpretation using the various possibilities of articulation. For this purpose, it is also necessary to take into account the tempo (speed) of the piece, that can indicate the appropriate articulation to choose.
In the following examples we will propose an articulation considering each time a different performance possibility.

Il primo esempio si sviluppa tutto per gradi congiunti. Si può notare come, prendendo in considerazione il cambio di figura, si può far risaltare una progressione in cui l'accento melodico non combacia con quello ritmico.

The first example is all made of steps. It can be noted how, considering the pattern change, we can put in evidence a progression whose melodic accent does not coincide with the rhythmic one.

Se teniamo conto del cambio armonico (cioè dell'armonia occulta su cui il passaggio melodico è basato) e dell'accentuazione ritmica, avremo modo di eseguire un altro tipo di progressione malgrado si tratti dello stesso brano.

If we consider the harmonic change (that is, the hidden harmony on which the melodic passage is based) and the rhythmic accentuation, we can perform a different kind of progression, even within the same piece.

In questo esempio potremo far risaltare una o più linee di progressione cambiando l'articolazione dell'intervallo di terza. Usando la **d** la progressione coinciderà con l'inizio di battuta.

*In this example we can highlight one or more progression lines changing the articulation of the thirds. Using **d** the progression will coincide with the downbeat.*

Se invece l'intervallo di terza viene articolato con l **t** avremo due linee di progressione: una coinciderà con l'inizio della battuta e l'altra verrà evidenziata all'interno di essa.

*If the third is articulated with **t** we will have two lines of progression: one coinciding with the downbeat, the other will be highlighted within the bar.*

Nel prossimo esempio applicheremo l'articolazione tenendo conto delle regole già esposte riguardo le figurazioni ritmiche e gli intervalli.

In the next example we will apply the articulation considering the mentioned rules on rhythmic patterns and intervals.

Anche in questo caso si potrebbe prendere in considerazione l'accentuazione ritmica ottenendo, di conseguenza, una diversa interpretazione.

Even in this case we can consider the rhythmic accentuation obtaining, accordingly, a different interpretation.

In questo esempio rispetteremo, sostanzialmente, le regole, già precedentemente esposte, delle figure puntate ♩. ♪ e delle figurazioni ♪♪♪.

In this example we will essentially follow the already mentioned rules for dotted rhythms ♩. ♪ and patterns ♪♪♪.

Anche negli esempi successivi si potranno avere due tipi di esecuzione:
A) Tenendo conto dell'accento ritmico:

Also in the examples that follow we can have two kinds of interpretation:
A) Following the rhythmic accent:

B) Considerando il grado congiunto che si trova a cavallo di battuta:

B) Considering the step across the barline:

In questi casi la velocità sarà determinante per la scelta articolatoria.

In these cases the speed is decisive for the choice of articulation.

E' da notare che la figurazione ♪♪♪ nei tempi 3/8 o 6/8 viene eseguita spesso adottando lo stile chiamato "articolazione storica" ♪♪♪ ♪♪♪ , al di là di qualsiasi considerazione intervallare o armonica.

It is to be noted that the pattern ♪♪♪ in 3/8 or 6/8 is often performed in the so-called "historical articulation" style ♪♪♪ ♪♪♪ , ignoring any intervallic or harmonic consideration.

L'articolazione applicata ai brani
Articulation applied to music pieces

Fino ad ora abbiamo parlato dei principi per l'applicazione dell'articolazione basandoci sugli intervalli e sulle figure ritmiche. Prenderemo ora in esame alcuni brani tratti da sonate e, seguendo i principi sin qui enunciati, vi applicheremo l'articolazione. * Considereremo solo in alcuni casi l'aspetto armonico e strutturale. In altri (come la Sarabanda, la Ciaccona ecc.), dove l'aspetto stilistico va al di là delle considerazioni generali sull'articolazione, manterremo gli accenti e l'articolazione stilisticamente richiesta.

Up to now we have been dealing with the principles for the application of articulation based on intervals and rhythmic patterns. We will now examine a few passages from sonatas and, following the enunciated principles, we will apply the articulation.*
Only in a few cases will we take into account the harmonic and structural aspect. In others (as in the Sarabanda, the Ciaccona etc.), where the stylistic aspect goes beyond our general consideration on articulation, we will keep the accents and the articulation required by the style.
Among the various possibilities of articulation, those in brackets indicated the choice of the author.

---

* I brani sono tratti da sonate per flauto dolce contralto essendo tra tutti quello più ricco di letteratura solistica.

* The excerpt are from Sonatas for Alto Recorder, it being the one with a richer solo repertoire.

Movimenti veloci a suddivisione binaria
Fast movements with binary subdivision

F. M. Veracini
dalla Sonata n. 1
from Sonata n. 1

[1] Si consiglia di variare l'articolazione in presenza di ripetizioni melodiche, progressioni etc.
[2] Si può usare un'articolazione morbida nel salto di terza se questo precede immediatamente una cadenza conclusiva.
[3] **d** sul salto di terza per evidenziare la conclusione melodica.

[1] We recommend varying the articulation on melodic repetitions, progressions, etc.
[2] A soft articulation can be used on a third if it immediately precedes a final cadence.
[3] **d** on a third in order to stress the melodic conclusion.

B. Marcello
dalla Sonata in Sol op. 2 n. 5
from Sonata in G op. 2 n. 5

[1] **t** nonostante il grado congiunto, per coerenza articolatoria
[2] Nella figurazione la nota che dovrebbe prendere la **t**, in questo caso, va eseguita con la **d** per il cambio armonico che si verifica a metà battuta.

[1] *t despite the step, for a coherent articulation.*
[2] *In this pattern the note that should have t, in this case, needs a d because of the harmonic change in the middle of the measure.*

A. Vivaldi
dal Concerto op. 10 n.VI
from Concerto op. 10 n. 6

Allegro

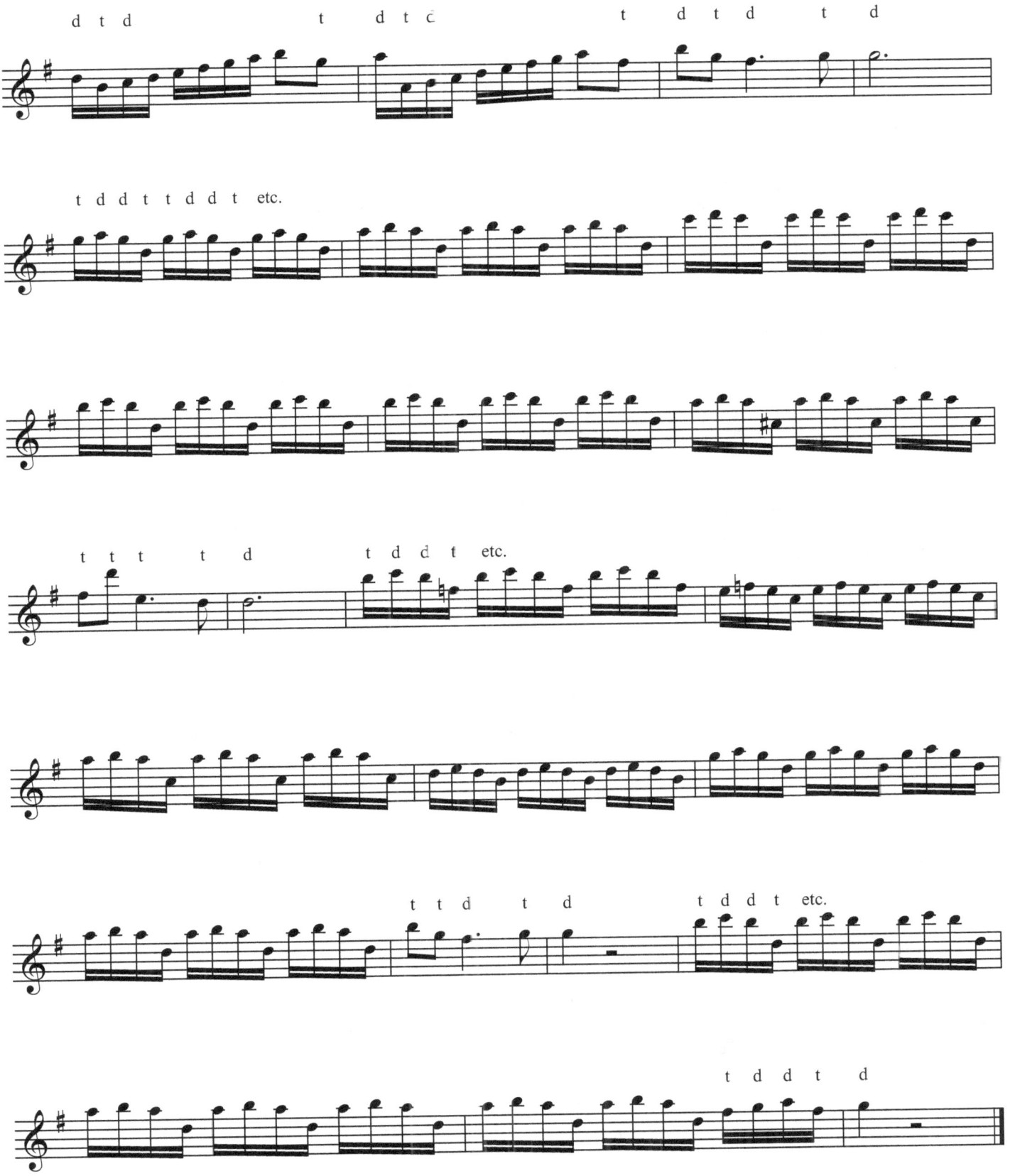

[1] Il salto di terza viene articolato con la **t** per dare più risalto fondamentale dell'accordo, cioè il sol, ma a velocità sostenute risulta più conveniente usare la **d**.
[2] In questo caso il grado congiunto con la **t** perché lo richiede la tensione armonica I-V grado.
[3] La terza si articolerà con la **d** perché l'amonia non cambia.
[4] Il grado congiunto con la **t** per la tensione armonico V-I grado.
[5] La **d** sul salto superiore alla terza per la successione armonica II-V grado.

[1] The third is articulated with **t** to highlight the chord, the G, but with a fast tempo the **d** is to be preferred.
[2] In this case the step is with **t** because the harmonic tension between V and I requires it.
[3] The third will be articulated with **d** because the harmony does not change.
[4] The step is with **t** because ote the harmonic tension between V and I.
[5] The **d** on the skip larger than a third, because of the harmonic sequence II-V.

J. C. Schickhard
dalla Sonata n. I
from Sonata n. 1

[1] L'intervallo di terza con la **d** per dare risalto alla progressione che inizia dalla nota successiva (sol-do-si-do)(fa-si-la-si) etc.

[1] *A third with **d** to highlight the progression beginning on the following note (G-C-B-C)(F-B-A-B) etc.*

Movimenti lenti
Slow Movements

Come abbiamo precedentemente detto la **t** corrisponde allo staccato mentre la **d** corrisponde al portato. E' evidente che nei tempi lenti prevarrà l'articolazione **d** in quanto le note in relazione alla velocità del brano hanno una durata tale che, se articolate con la **t**, farebbero percepire delle pause tra una nota e l'altra. Quindi la **t** nei tempi lenti avrà la funzione di separare le note, che comunque conserveranno la loro durata.

Come ultime considerazioni potremmo dire che difficilmente, per mettere l'articolazione su di un brano lento, si può prescindere dall'analisi armonica e strutturale o da alcuni stilemi articolatori che si applicano a movimenti come la **sarabanda**, oppure nei **tempi ternari** o a **suddivisione ternaria**.

*As stated earlier on, **t** corresponds to staccato, while **d** corresponds to portato. Clearly in slow movements the **d** articulation will be prevalent, because the notes in relation to the speed of the piece have a duration that, if articulated with **t**, would produce rests between notes. Therefore, the **t** articulation in slow movements is used to separate notes, while keeping their entire length.*

*As a final consideration we can state that, while articulating a slow movement, only with great difficulty can one disregard harmonic and strucural analysis, or articulatory stylemes applied to movements such as **sarabanda**, or in **triple meters** or with **triple subdivision**.*

[1] Tipica struttura di sarabanda (segue quindi la propria articolazione)

[1] *Typical structure of a Sarabanda (therefore following its own articulation)*

R. Valentino
dalla Sonata op. 2 n. 2
from Sonata op. 2 n. 2

Adagio

[1] **t** sul grado congiunto per cambio di figura

[1] *t on the step for the change in pattern.*

R. Valentino
dalla Sonata op. 2 n. 12
from Sonata op. 2 n. 12

Largo

[1] **d** negli intervalli superiori alla terza all'inizio delle battute 2, 6 ecc. per rafforzare l'entrata in levare della melodia.
[2] Cambio articolatorio nella ripetizione (progressione)

[1] *d in intervals larger than a third at the beginning of bars 2, 6, etc. to strengthen the upbeat entrance of the melody.*
[2] *Change in articulation in the repetition (progression)*

F. M. Veracini
dalla Sonata op. 1 n. 12
from Sonata op. 1 n. 12

[1] **d** negli intervalli superiori alla terza perché la melodia (Fa# - Sol - La - Si) procede per gradi congiunti.

[1] ***d*** *in intervals larger than a third because the melody (F#-G-A-B) proceeds through steps.*

Movimenti veloci a suddivisione ternaria
Fast movements with triple subdivision

Non vi è dubbio che negli allegri a suddivisione ternaria (6/8, 9/8, 12/8 e 3/8 in un tempo) la velocità e gli accenti ritmici svolgono un ruolo rilevante; quindi l'articolazione preminente sarà **t d t**, stilisticamente più corretta. Credo però che differenziare saggiamente, ovvero usare altre possibilità articolatorie (**t t d, d d t, t d d** etc) tenendo conto dell'analisi globale del brano musicale renda lo stesso più interessante.

*In Allegros with triple subdivision (6/8, 9/8, 12/8 and 3/8 in one) speed and rhythmic accents play a crucial role; the dominant articulation will therefore be **t d t**, stylistically more correct.*
*I do believe though, that judiciously varying by using different articulatory possibilities (**t t d, d d t, t d d** etc.) and keeping into account the global analysis of the piece will make the piece more interesting.*

R. Valentino
dalla Sonata in Re min op. 2 n. 2
from Sonata D moll op. 2 n. 2

[1] L'articolazione tra parentesi è certamente più corretta rispetto allo stile del periodo (articolazione storica), ma penso che essa risulterebbe comunque noiosa, come quella che considera unicamente l'aspetto intervallare o l'accento ritmico. Forse la soluzione migliore, in questo brano, e l'uso di entrambe le possibilità.

[1] *The articulation in brackets is certainly more correct that the period style (historical articulation), but it would turn out to be boring, like that based only on intervals or rhythmic accent. The best solution for this piece is probably the use of both possibilities.*

F. M. Veracini
dalla Sonata n. 6
from Sonata n. 6

Allegro

[1] Le articolazioni tra parentesi si possono usare, al di là dell'analisi intervallare, per dare risalto all'accento ritmico o per dare maggiormente il senso di conclusione.

[1] *The articulations in brackets can be used, notwithstanding the intervallic analysis, to underline the rhythmic accent, or to give a better sense of conclusion.*

In questo brano proporremo l'articolazione basata unicamente sugli accenti ritmici, mentre nel successivo l'articolazione sarà basata sulle regole degli intervalli. In ambedue i casi usando un solo metodo articolatorio si evidenzia l'incompletezza interpretativa. Quindi nel decidere l'applicazione di un'articolazione ad un brano non si può prescindere dalla considerazione di tutti i parametri già menzionati: velocità, intervalli, accentuazione ritmica, analisi delle figure, dell'armonia e della struttura.

In this piece we will propose an articulation based solely on the rhythmic accents, while in the following piece articulation will be based only on the rules for intervals. In both cases, using only one method of articulation will stress the unsatisfactory interpretation. Therefore, in applying articulation to a piece we cannot refrain from considering all mentioned parameters: speed, intervals, rhythmic accents, analysis of patterns, of harmony and of structure.

A. Corelli
dalla Sonata op. 5 n. 4
from Sonata op. 5 n. 4

Giga

STRUTTURA ARMONICA
HARMONIC STRUCTURE

Vediamo ora come l'analisi strutturale ed armonica può aiutarci ulteriormente nella scelta delle articolazioni. I canoni dell'analisi strutturale ed armonica nelle sonate barocche, non corrisponderanno necessariamente a quelli della sonata classica che è composta da incisi, semifrasi, frasi e periodi binari o ternari; ciò nonostante sara comunque possibile riferirsi ad essi anche se non hanno nella sonata barocca la stessa regolarità che si può osservare nel periodo classico. Faremo ora un esempio di analisi strutturale-armonica applicandovi l'articolazione.

Come si può osservare, alla fine di un un inciso o di una semifrase è bene applicare un'articolazione morbida per dare maggiormente il senso di riposo.

Vediamo ora come l'analisi armonica ci porti alle stesse conclusioni.

La successione armonica della prima semifrase è (I-V-I), la prima fase cadenzale (corrispondente al primo inciso) è I-V, che possiamo sicuramente definire una cadenza sospesa in quanto la melodia si ferma sulla nota più lunga dell'intera frase, dando il senso di fermata, quindi l'articolazione più opportuna sara la **d**.

La seconda frase cadenzale parte dal I e torna su di esso (I-II-V-I), quindi anche in questo caso l'articolazione **d** è più che opportuna, in quanto coinciderà con la conclusione armonica.*

In questo caso anche l'analisi intervallare ci porterà alle stesse conclusioni articolatorie. Infatti, alla fine del primo inciso troviamo un grado congiunto (da articolare con la **d**), alla fine del secondo inciso (quindi della semifrase) troviamo un intervallo di terza che sappiamo di poter articolare con **t** o **d**, ma che articoleremo con la **d**, trovandoci alla conclusione del primo pensiero musicale.

We now consider how structural ad harmonic analysis can help us in the choice of articulations. The canons of structural and harmonic analysis in baroque sonatas will necessarily differ from those of classic sonatas, made of figures, motifs, cells, phrases and binary or ternary periods. It will nevertheless be possible to refer to these, even if in baroque sonatas they do not have the same regularity observed in classical compositions. We will now propose an example of structural-harmonic analysis applying the articulation.

We can observe how, at the end of a figure or a subphrase we need to apply a soft articulation to give a clearer sense of arrest.

We now see how the harmonic analysis brings us to the same conclusions.

*The harmonic succession of the first subphrase (I-V-I), the first cadential phase (corresponding to the first figure) is I-V, that we can certainly define a half cadence because the melody lingers on the longest note of the entire phrase, giving a sense of arrest, therefore the suggested articulation is **d**.*

*The second cadential phrase starts from I and returns to it (I-II-V-I), therefore, even in this case, the **d** articulation is more suitable, coinciding with the harmonic conclusion.**

*In this case the intervallic analysis will lead to the same conclusions of the harmonic-structural analysis. In effect, at the end of the first figure we find a step (to be articulated with **d**), at the end of the second figure (and of the subphrase) we find a third, that we know we can articulate with **t** or **d**, but that we will articulate with **d**, finding the end of the first musical thought.*

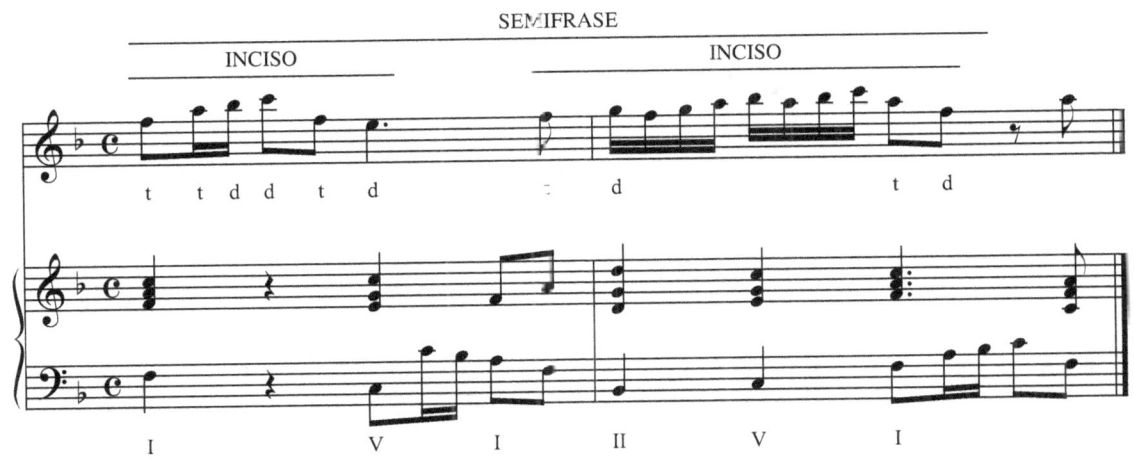

* E' da notare che l'analisi proposta non tiene in considerazione soltanto la successione armonica, ma considera questa sempre in relazione alla struttura ritmico-espressiva dello strumento solista.

* *It is to be noted that the proposed analysis does not take into account the harmonic succession alone, but considers in relation to the rhythmic-expressive structure of the solo instrument.*

1 **t** sul grado congiunto per cambio di figurazione e per la tensione armonica generata dal V grado.	1 **t** on the step because of the change in pattern and because of the harmonic tension generated by V.
2 **d** sul salto di terza, perché torna sulla tonica.	2 **d** on the third, because it returns to the tonic.
3 **d** sul salto perché la struttura melodica si poggia sulle note *sol-la* che vanno per grado congiunto.	3 **d** on the leap, because of the melodic structure based on G-A, a step.
4 **t** sul grado congiunto e **d** sul salto di terza per l'anacrusi del basso.	4 **t** on the step and **d** on the third because of the anacrusis in the bass.
5 **t** sulla nota *re* che procede per grado congiunto, per rinforzare l'anacrusi del basso.	5 **t** on the D as a step, to reinforce the anacrusis in the bass.
6 **d** sulle note prese per salto perché la struttura melodica procede per grado congiunto (*mi-fa-sol-la*).	6 **d** on the leaps because the melodic structure proceeds through steps (E-F-G-A).
7 **d** anche negli intervalli superiori alla terza per dare più risalto alla progressione *si-do-re* etc.	7 **d** even in intervals larger that the third, to highlight the progression B-C-D etc.
8 **t** sulla nota fa, malgrado proceda per grado congiunto, per ragioni armoniche, in quanto si da importanza all'accordo di settimo grado di *do* che risolve successivamente sulla tonica.	8 **t** on the F, despite the step, for harmonic reasons, because of the 7th chord resolving on the tonic (C).
9 **t** sul grado congiunto per far risaltare meglio l'accordo di 4/6 che si trova all'inizio della battuta successiva.	9 **t** on the step to stress the 4/6 chord at the beginning of the following measure.
10 **d** nei salti e nella nota ripetuta, per caratterizzare meglio il passaggio in tonalità minore.	10 **d** in leaps and on the repeated note, better to characterise the passage to a minor key.
11 **d** nel salto di terza: A) perché si conclude la semifrase. B) perché si conferma la tonalità di *re minore*.	11 **d** on the third: A) Because it ends the subphrase. B) Because it confirms the d minor.
12 **t** sul grado congiunto *la-si* per far sentire con più incisività la cadenza V-I, cioè la conferma della tonalità *re minore*.	12 **t** on the step A-B to stress the V-I cadence stronger, the confirmation of the d minor.
13 **d** sul sol per dare più senso conclusivo, in quanto il salto melodico di seconda ascendente è equivalente, in questo caso, al grado congiunto *fa-sol* posto all'ottava.	13 **d** on the G to give a sense of conclusion, because the ascending 2nd is, in this case, the equivalent of the F-G on the upper octave.
14 **t** sulla nota fa presa per grado congiunto per dare più risalto all'accordo di dominante.	14 **t** on the F reached by a step can highlight the dominant chord.
15 **t** sull'appoggiatura per far sentire la nota estranea all'armonia nonostante essa sia presa per grado congiunto.	15 **t** on the appoggiatura can highlight the extraneous note even if reached by a step.
16 **d** sulla nota puntata perché fa parte dell'accordo, o	16 **d** on the staccato note, since it is part of the chord, or better, it is the resolution of the previous suspension.
	17 The note A is a passing tone between two chord tones, therefore use **d** even though it follows a staccato note.

meglio, è la risoluzione del ritardo precedente.

17 La nota la è di passaggio tra due note reali dello stesso accordo, quindi **d** nonostante segua una nota puntata.

18 La scelta articolatoria della **d** sulla nota la che combacia con l'accento forte della battuta è dovuta alla considerazione armonica che essa fa parte dell'accordo di tonica (quindi un accordo che rappresenta generalmente una situazione di riposo), in questo caso tale situazione è rafforzata dalla presenza in anacrusi dell'accordo di dominante.

19 La nota *lab* può essere articolata con la **d** se si vuole mettere in evidenza il passaggio alla tonalità minore, o con la **t** se si preferisce evidenziare l'inizio di battuta, cioè l'accento forte.

20 **d** sulle note *fa-mi-re* perché, nonostante siano prese ad intervalli superiori alla 3ª, costituiscono tra loro una progressione melodica discendente per gradi congiunti che inizia dalla nota la della battuta precedente.

21 **d** sulla nota sol presa ad intervallo superiore alla 3ª per non togliere efficacia alla successiva sensibile posta in levare.

22 In queste battute l'articolazione è molto soggettiva infatti sia la **t** che la **d** possono essere usate (vedi regola n. 9), la velocità potrà aiutarci nella scelta. Si ricorda, inoltre, che in questo punto vi sono ben tre battute costruite sullo stesso accordo, quindi, come detto precedentemente, sarebbe opportuno variare l'articolazione.

23 **d** sulla nota la per ragioni analoghe a quelle esposte alla nota 21.

24 **t** nel grado congiunto per rafforzare l'anacrusi del basso.

25 **t** sulla nota la per evidenziare il ritorno alla tonalità di *fa maggiore*.

26 Analogamente alla nota 22

*18 The articulatory choice of **d** on the A on an accent in the bar is due to the same harmonic reason that it is part of the tonic (and therefore a chord that is generally a "thesis"), in this case such situation is reinforced by the presence of the dominant chord in the anacrusis.*

*19 The Ab can be articulated with **d** if we wish to emphasise the passage to the minor key, or with the **t** if we prefer to highlight the measure beginning, meaning the main accent.*

*20 **d** on the F-E-D because, even if played with intervals larger than the 3rd, the constitute a melodic progression descending through steps, beginning on the A of the previous bar.*

*21 **d** on the G arrived at via an interval larger than the 3rd, so as not to weaken the following leading-tone on the upbeat.*

*22 In these bars the articulation is very subjective: both **t** and **d** can be used (see rule n.9), speed can help decide in this case. In this point there are three bars on the same chord, it is therefore advisable to vary the articulation.*

*23 **d** on the A for the same reasons as in 21.*

*24 **t** on the step to strengthen the anacrusis in the bass*
*25 **t** on the A to highlight the return to F major.*

26 See note 22.

www.ingramcontent.com/pod-product-compliance
Lightning Source LLC
Chambersburg PA
CBHW080054200426
43197CB00054B/2726